Durch Mündigkeit zur Selbstliebe

Wie du emotionale Abhängigkeiten überwindest und dich liebenswert fühlst

Samet Eroglu

ISBN: 978-1-728-86694-9

„Man is a being of self-made soul"

- Ayn Rand

INHALTSVERZEICHNIS

VORWORT

Liebe Leserin, lieber Leser,

Die Selbstliebe ist eine der wichtigsten Errungenschaften im menschlichen Leben. Denn jeder Aspekt deines Lebens wird maßgeblich davon beeinflusst, wie du dich selbst siehst und wahrnimmst. Mit welcher Person du beispielsweise eine Beziehung eingehst, hängt zum großen Teil von deiner Selbstliebe ab. Davon, wie du dich selbst einschätzt und ob du dich selbst respektierst.

Sicherlich kennst du das Sprichwort: „Wer sich selbst nicht liebt, kann auch andere nicht lieben." Das Sprichwort hört sich nicht nur schön an, sondern es entspricht auch zu 100 Prozent der Wahrheit. Wenn du dich selbst nicht liebst und respektierst, kannst du auch die Liebe der anderen nicht annehmen. Deine Tore für die Liebe sind sinnbildlich geschlossen und können nur durch die Selbstliebe geöffnet werden.

Doch wie bereits erwähnt, sind die Auswirkungen der Selbstliebe nicht nur auf dein Beziehungsleben beschränkt.

Auch deine Freundschaften steht unter ihrem Einfluss. Denn wenn du dich selbst nicht liebst und nicht respektierst, wie willst du dann erwarten, dass dich andere Menschen respektieren und mögen? Wenn du nicht ehrlich und authentisch mit anderen Menschen umgehst, wie willst du dann erwarten, dass sie das mit dir tun?

Menschen, die sich selbst lieben, führen meist ein glücklicheres und erfolgreicheres Leben als jene, die es nicht tun. Doch in Anbetracht dieser Tatsache stellen sich mir folgende Fragen: Wenn die Selbstliebe so wichtig für uns und unser Wohlbefinden ist, wieso spielt sie dann in unserem alltäglichen Leben kaum eine bis gar keine Rolle? Wieso genießt sie in der Erziehung nicht den Stellenwert, den sie verdient? Oder konkreter: Wieso gibt es kein Unterrichtsfach, das den Kindern die grundlegenden Verhaltensweisen beibringt, die zu einer gesunden Selbstliebe führen?

Meine Antwort darauf ist, dass die Menschen nicht wissen, wie sie überhaupt Selbstliebe entwickeln können, beziehungsweise daran zweifeln, dass das überhaupt möglich ist. Was muss ich tun, damit ich mich selbst mag? Was ist notwendig, damit ich mir selbst ein guter Freund werden kann? Und weil es hierfür keine klaren und allgemein bekannten Antworten gibt, wird das Thema lieber unter den Tisch gekehrt.

Glücklicherweise hatte ich solche Vorbehalte nicht, als ich vor 8 Jahren angefangen habe, mich mit diesem Thema zu beschäftigen. Zu jener Zeit tat ich das nicht in erster Linie, weil mich das Thema so interessierte oder um später einmal einen Ratgeber darüber zu schreiben, sondern vielmehr aus dem Grund, dass ich selbst enorm große Schwierigkeiten mit meiner Selbstliebe hatte. Meine persönlichen Probleme zwangen mich sozusagen zur Beschäftigung mit diesem Thema. Zum Glück.

Ich habe in diesen Jahren unzählige Bücher zu diesem Thema gelesen, sowohl deutsch- als auch englischsprachige. Manche Ratschläge waren hilfreich, viele hingegen leider nicht. Dennoch haben mir die hilfreichen Bücher gezeigt, dass es ohne Zweifel möglich ist, etwas an der Selbstliebe zu ändern. Es ist möglich, Selbstliebe zu entwickeln – ganz egal, wo man im Moment steht. Du brauchst dazu weder Psychologie studiert zu haben noch ein sehr gebildeter Mensch zu sein. Du musst nur den Willen haben, die Verhaltensweisen und Ratschläge, die ich dir im Laufe dieses Buches an die Hand geben werde, umzusetzen. Das ist alles.

Das Thema meines Ratgebers ist also, wie du Selbstliebe entwickeln, emotionale Abhängigkeiten lösen und dich liebenswert fühlen kannst. Und er richtet sich an all jene, die etwas in ihrem Leben verändern wollen und sich nicht als Gefangene ihrer eigenen Erziehung sehen.

Viel Spaß und Erfolg mit diesem Ratgeber und alles Gute!
Samet

1. WAS IST SELBSTLIEBE?

1.1 Was ist Selbstliebe und was nicht?

Ich kann mich noch gut daran erinnern, dass ich vor acht Jahren eine komplett falsche Vorstellung davon hatte, was Selbstliebe ist. Ich hatte gerade angefangen, mich mit dem Thema Selbstliebe zu beschäftigen und war mir bewusst, welche positiven Auswirkungen sie auf mein Leben haben kann. An der Motivation hat es mir sicherlich nicht gemangelt. Was mir aber gefehlt hat, war eine handfeste Definition meines Ziels. Was ist Selbstliebe?

Dass mir eine genaue Definition gefehlt hat, wollte ich lange Zeit nicht akzeptieren. Für mich war es nämlich klar, was unter Selbstliebe zu verstehen ist. Im Grunde genommen beschreibt sich der Begriff ja selbst: „sich selbst lieben". Doch so einfach war es im Endeffekt nicht.

Erst als ich merken musste, dass es keine konkreten Schritte zur Erreichung meines „Ziels" zu unternehmen gab, wurde mir klar, dass ich eine handfeste Definition brauchte. Ansonsten war mein Vorhaben zum Scheitern verurteilt.

Selbstliebe ist kein „Ich-fühle-mich-gut"-Phänomen

In den ersten Jahren meiner Beschäftigung mit dem Thema glaubte ich, dass es bei der Selbstliebe einfach darum ging, ein gutes Gefühl von mir selbst zu haben – ganz gleich, wie es zustande kam. Und der einfachste Weg, das zu erreichen, war es, einen guten Eindruck bei anderen zu hinterlassen. Wenn andere Menschen von mir beeindruckt waren und ich bei ihnen beliebt, dann hatte ich ein gutes Gefühl von mir selbst. Und genau das war es doch, worum es in der Selbstliebe ging.

Ich versuchte also mit aller Kraft, mich bei anderen beliebt zu machen. Alle möglichen Konfrontationen zu vermeiden. Und das Schlimmste: Ich versuchte mich sogar bei Menschen beliebt zu machen, die ich eigentlich gar nicht mochte. Das alles, um dieses tolle Gefühl zu erreichen, das sich nach einem positiven Feedback von anderen einstellte. Doch waren diese Gefühle letztlich Selbstliebe oder einfach nur eine augenblickliche Freude über ein Ereignis? Leider traf das Letztere zu.

Der Punkt hierbei ist: Viele Sachen können dazu führen, dass du dich gut fühlst. Beispielsweise ein nettes Kompliment oder ein neues Auto. Doch diese angenehmen Gefühle müssen nicht im Entferntesten etwas mit Selbstliebe zu tun haben. Manchmal können sie gar das Gegenteil von Selbstliebe sein.

Selbstliebe ist das, was du für dich selbst empfindest

Wahrscheinlich lässt sich folgender Punkt nicht überbetonen: Selbstliebe hat nichts mit anderen Menschen und deren Feedback dir gegenüber zu tun.

Sie ist einzig und allein ein Ausdruck davon, was du (!) über dich selbst denkst und für dich selbst empfindest.

Das zeigt ein weiteres Mal in aller Deutlichkeit, wieso mein Versuch, Selbstliebe durch das Feedback der anderen zu erreichen, von vornherein zum Scheitern verurteilt war.

Das Feedback der anderen

Natürlich wäre es naiv zu glauben, dass du nicht vom Feedback deiner Umgebung beeinflusst wirst. Selbst ein Mensch mit einer gesunden Selbstliebe wird von den Reaktionen und Aussagen seiner Umwelt beeinflusst. Dementsprechend ist es nicht dein Ziel, das Feedback der anderen komplett gleichgültig werden zu lassen. Das ist weder möglich noch wünschenswert.

Vielmehr geht es darum, den Stellenwert dieses Feedbacks zu hinterfragen. Wie wichtig sind dir die Reaktionen der anderen? Sind sie wichtiger als deine eigenen Gedanken und Wünsche? Wenn du wie die meisten Menschen bist, die Probleme mit ihrer Selbstliebe haben, dann kannst du Letzteres vermutlich bejahen.

Selbstliebe bedeutet, dass du dich liebenswert fühlst

Das Wichtigste an meiner Definition von Selbstliebe ist Folgendes: Wenn du dich selbst liebst, dann fühlst du dich liebenswert. Das bedeutet, dass du fest daran glaubst, selbst eine wertvolle und gute Person zu sein, die andere Menschen mögen und respektieren können. Und mein Lieblingspunkt dabei ist: Sich liebenswert fühlen bedeutet nicht, dass dich jeder mögen muss. Manche Menschen werden dich mögen und manche wiederum nicht. Das ist unvermeidbar. Es ist einfach nur eine Aussage über dich selbst und unabhängig von anderen Menschen:

Ich bin eine Person, die andere mögen und lieben können.

1.2 Wieso ist Selbstliebe so wichtig?

Ich persönlich habe immer Menschen beneidet, die Eltern mit einer gesunden Selbstliebe hatten. Denn solche bekommen die Selbstliebe mit der Muttermilch eingeflößt. Das passiert dadurch, dass Eltern als Rollenmodelle jene Verhaltensweisen an den Tag legen, die zu einer gesunden Selbstliebe führen.

Sie müssen nicht einmal etwas verbal erklären, denn allein ihre Verhaltensweisen werden vom Kind genau beobachtet und übernommen. Wenn es sich dabei um Verhaltensweisen handelt, die zur Selbstliebe führen, ist das denkbar gut.

Für den wahrscheinlicheren Fall, dass du dieses Glück nicht hattest, musst du dir die entsprechenden Verhaltensweisen, die ich dir im Laufe dieses Buches vorstellen möchte, selbst aneignen. Auch das ist möglich.

Dennoch will ich eine kleine Vorwarnung aussprechen: Eine Portion Selbstdisziplin und Durchhaltevermögen musst du dir in der Tat abverlangen. Obwohl es ziemlich Spaß machen kann, die neuen Verhaltensweisen auszuprobieren und in den Alltag zu integrieren (so war es zumindest bei mir), kann es Tage geben, an denen du nicht so viel Lust dazu hast. Doch wenn du es schaffst, dich aufzuraffen und durchzuhalten, wird sich das mit Sicherheit lohnen!

Voraussetzung für gute Beziehungen

Obwohl die positiven Auswirkungen der Selbstliebe überwältigend sind und kaum ein Bereich im Leben davon unberührt bleibt, gibt es einige Teile, die besonders herausstechen – angefangen mit dem zwischenmenschlichen Bereich.
Hierzu muss ich wieder auf folgendes Sprichwort

zurückkommen: „Wer sich selbst nicht liebt, kann andere nicht lieben." Obwohl ich zu 100 Prozent hinter diesem Sprichwort stehe, finde ich es nicht richtig, dass es von manchen Menschen nur auf das (Paar-)Beziehungsleben reduziert wird. Die Selbstliebe hat auch einen fundamentalen Einfluss auf Freundschaften, Bekanntschaften und flüchtige Beziehungen.

Wie ein solcher Einfluss aussehen kann, möchte ich dir anhand des folgenden Beispiels zeigen: Angenommen du fängst einen neuen Job an. Obwohl du deinen Job gut machst, hast du das Gefühl, dass dich dein Chef und deine Kollegen nicht so gut leiden können. Du hast zwar keinen Grund zu der Annahme, aber es ist einfach ein dumpfes Gefühl in dir drin, das du vielleicht sogar länger kennst. Ein Gefühl, das zu dir spricht und sagt: „Ich komme mit anderen Menschen nicht klar. Sie werden mich nicht akzeptieren. Sicherlich werden sie mich bald loshaben wollen."

Wohlgemerkt: Das alles fühlst du, obwohl deine Kollegen dich nicht einmal richtig kennen. Es gibt keinen objektiven Anlass für diese Gefühle. Sie haben also nichts mit deinen Kollegen zu tun, sondern nur mit dir selbst. Mit deiner fehlenden Selbstliebe.

Du hast Angst davor, dass deine Kollegen dich nicht mögen, und hältst stets Ausschau danach, ob es irgendwelche Anzeichen gibt, die diese Befürchtung bestätigen. Aus dieser Motivation heraus interpretierst du schließlich viele Sachen falsch. Du glaubst beispielsweise, dass deine Kollegen über dich herziehen, obwohl sie in Wahrheit nur über das Wetter geredet haben. Wenn du irgendwo ein Gelächter hörst, beziehst du das sofort auf dich und glaubst, dass über dich gelacht werde.

Letztlich entwickelt sich diese Befürchtung zu einer

selbsterfüllenden Prophezeiung. Denn du möchtest nicht ängstlich auf die Kritik und Ablehnung deiner Kollegen warten. Lieber kommst du der Kritik zuvor, indem du dich unbewusst eigenartig verhältst. Dann kannst du wenigstens die Kontrolle behalten.

Du lässt nicht alles mit dir machen

Eine weitere positive Auswirkung der Selbstliebe ist, dass du nicht alles mit dir machen lässt. Wenn du dich selbst liebst, dann respektierst du dich selbst. Du bist überzeugt davon, dass du es verdient hast, von anderen mit Respekt behandelt zu werden.

Das bedeutet, dass du dich vehement wehrst, wenn du nicht mit dem Respekt behandelt wirst, den du verdienst. Du akzeptierst es nicht, dass mit dir schlecht und unfair umgegangen wird. Und die Tatsache, dass du dich gewehrt hast, stärkt deine Selbstliebe noch weiter.

Doch angenommen, du hältst nicht viel von dir selbst. Du magst dich selbst nicht und glaubst nicht, dass du es verdient hast, mit Respekt behandelt zu werden. Wenn dich jemand respektlos behandelt, nimmst du das so hin. Du glaubst, dass ein schlechter und unfairer Umgang mit dir angemessen ist.

Dementsprechend schrumpft deine ohnehin brüchige Selbstliebe und es wird wahrscheinlicher, dass dich auch andere Menschen respektlos behandeln.

Du versuchst nicht, die Erwartungen anderer zu erfüllen

Fehlende Selbstliebe kann dazu führen, dass du deinen Entscheidungen nicht vertraust, beziehungsweise dir die Fähigkeit absprichst, Entscheidungen überhaupt zu treffen. Du glaubst nicht, dass du entscheiden kannst, was gut und was schlecht für dich ist. Du traust dir nicht zu, deinen eigenen Lebensweg zu wählen. Das kann dazu führen, dass die Erwartungen anderer die einzigen Maßstäbe sind, nach denen du dich richtest.

Und bei einem fremdbestimmten Leben ist das Unglücklichsein vorprogrammiert.

Wenn du dich dagegen selbst liebst und achtest, dann glaubst du an deine eigenen Gedanken und Gefühle. Du hast eigene Erwartungen an dich selbst und setzt dir eigene Maßstäbe. Du lässt es nicht zu, dass andere dir deinen Lebensweg diktieren. Und bei einem selbstbestimmten Leben ist es natürlich viel wahrscheinlicher, dass du glücklich wirst.

2. VERHALTENSWEISEN, DIE SELBSTLIEBE FÖRDERN

2.1 Die Autonomie zurückholen

Jetzt, wo du die Relevanz der Selbstliebe kennst, stellt sich natürlich die Frage, was du tun kannst, um sie zu entwickeln. Und die Antwort darauf ist: Du musst dir die Autonomie zurückholen.

Die Autonomie zurückholen mag im ersten Moment etwas abstrakt klingen, doch ich möchte erläutern, was ich damit meine. Im Laufe deines Lebens hast du anderen Menschen viele wichtige Entscheidungen über dich und dein Leben überlassen. Beispielsweise:

- Du hast es anderen Menschen überlassen, dich zu bewerten und ihre Bewertungen anschließend übernommen.

- Du hast es anderen Menschen überlassen, über wichtige Dinge zu urteilen und ihre Urteile anschließend übernommen.

Das hat unweigerlich dazu geführt, dass du in einer emotionalen Abhängigkeit von anderen Menschen gelandet bist. Und konkret hat das Folgendes bedeutet: Wenn andere gesagt haben, dass du gut bist, hast du dich gut und wertvoll gefühlt. Wenn andere gesagt haben, dass du schlecht bist, dann hast du dich schlecht und wertlos gefühlt. Andere hatten also sehr viel Autorität über dich.

Das Anliegen dieses Buches ist es, dass du diese Entscheidungshoheit, die du anderen Menschen unfreiwillig gegeben hast, wieder zurückholst. Das heißt, dass du anfängst, deine eigenen Maßstäbe zu setzen. Dass du anfängst, selbständig zu denken, um selbstbestimmt leben zu können. Alle hierauf folgenden Kapitel sind darauf abgestimmt, dieses Ziel Schritt für Schritt zu erreichen.

Doch bevor wir auf konkrete Schritte eingehen, finde ich es hilfreich, folgende Frage etwas detaillierter zu beantworten: Wie kann es sein, dass andere so viel Autorität über dich haben?

Wieso haben andere so viel Autorität über dich?

Als Mensch hast du das Bedürfnis, dich gut zu fühlen. Du brauchst das Gefühl, in diese Welt zu passen und fähig zu sein, zu leben. Die Selbstliebe ist also ein menschliches Bedürfnis. Und jeder Mensch hat dieses Bedürfnis – ob er sich dessen bewusst ist oder nicht.

Dieses Bedürfnis resultiert daraus, dass wir Menschen die einzigen Lebewesen auf dem Planeten sind, die die Fähigkeit des Denkens besitzen. Wir reflektieren über Sachen und denken über uns und die Welt nach. Die elementaren Fragen, die wir uns dabei stellen, sind:

- Wer bin ich?

- Woher komme ich?
- Wohin gehe ich?
- Bin ich gut? Das heißt: Bin ich wertvoll und fähig zu leben?

Tiere haben diese Fähigkeit des logischen Denkens nicht. Daher stellen sich ihnen solche Fragen nicht und sie haben nicht das Bedürfnis zu wissen, ob sie gut und fähig sind. Doch wir stellen uns diese Fragen.

Da es sich um ein sehr starkes Bedürfnis handelt, versuchen wir es natürlich zu befriedigen. Aber wie soll das gehen? Was brauchen wir, um dieses Bedürfnis zu befriedigen? Sicher nichts Materielles. Wir brauchen Gedanken, Bewertungen und Meinungen. Und hier fängt das Drama an.

Wer entscheidet, ob du gut bist?

Als kleine Kinder haben wir natürlich noch nicht die Fähigkeit, eigene Meinungen zu formen, oder eigene Bewertungen abzugeben. Daher sind wir als Kinder im wahrsten Sinne des Wortes abhängig von unseren Eltern, die uns sagen, was gut und was schlecht ist. Was wir tun sollten und was wir lassen sollten.

Dennoch: Die Hauptaufgabe der Eltern besteht darin, uns in die Unabhängigkeit zu führen. Abgesehen von den alltäglichen Routineaufgaben beinhaltet das natürlich auch, dass wir selbständig denken, unsere eigenen Gefühle wahrnehmen, unsere Bedürfnisse und Wünsche erkennen und befriedigen, und vor allem eigene Urteile und Bewertungen abgeben.

Doch wie sonst auch im Leben laufen die wenigsten

Sachen problemlos ab. Es kommt oft vor, dass wir beziehungsweise unsere Eltern es nicht schaffen, uns in die Unabhängigkeit zu führen. Wie das passieren kann, darüber gibt es hinreichend Literatur, wir begnügen uns mit ein paar Beispielen:

- Gewalt in der Kindheit
- Übermäßiges Loben
- Keine Entscheidungsfreiheit für das Kind

Das Ergebnis einer solchen Erziehung ist, dass wir abhängig geblieben sind und es nicht gelernt haben, uns selbst zu steuern. Das kann zu einem Teufelskreis führen.

Durch die Abhängigkeit hast du kein eigenes Urteil über dich

Wir haben das starke menschliche Bedürfnis, uns selbst zu lieben und wertvoll zu fühlen. Doch wir können es nicht selbst befriedigen, da wir keine eigenen Gedanken und Bewertungen haben. Das Bedürfnis ist aber dennoch da und muss befriedigt werden, unabhängig davon, ob wir das selbst können. Was tun wir also? Wir wollen von anderen Menschen, dass sie uns bewerten!

Wir wollen von anderen Menschen, dass sie uns gut finden, um unser Bedürfnis nach Wertschätzung zu befriedigen.

Und wie sieht das im Konkreten aus? Konkret versuchst du stets, anderen Menschen zu gefallen. Du willst es ihnen immer recht machen. Du richtest dein ganzes Leben darauf aus, ein positives Feedback von anderen zu bekommen. Ein „Bravo", oder ein „Gut gemacht" zu verdienen. Du versuchst, allen Konfrontationen aus dem Weg zu gehen. Du drückst deine Persönlichkeit nicht aus und verstellst dich, um gemocht und akzeptiert zu werden.

„Kritik von anderen bedeutet, dass ich schlecht bin"

Das ist im Endeffekt die Antwort darauf, wieso manche Menschen besser mit Ablehnung umgehen können als andere. Für die einen bedeutet Ablehnung das, was sie in Wirklichkeit ist: die subjektive Meinung eines beliebigen Menschen.

Doch für andere ist Ablehnung gleichbedeutend mit „Ich bin wertlos und nicht fähig zu leben".

Für einen solchen Menschen wartet die Angst vor Ablehnung immer im Unterbewusstsein. Denn selbst, wenn er es hinkriegt, ein positives Feedback seiner Umgebung zu erhalten, ist die Belohnung lediglich eine temporäre Minderung seiner Angst. Es fehlt ihm nämlich die grundlegende innere Sicherheit. Es fehlen ihm seine eigenen Bewertungen und Gedanken über sich selbst, die ihm Sicherheit geben würden. Ihm fehlt die Liebe sich selbst gegenüber.

2.2 Innere Signale wahrnehmen

Wenn andere Menschen viel Autorität über dich besitzen, ist die Konsequenz, dass du dich in einer emotionalen Abhängigkeit befindest. Du hast also dein eigenes Urteilsvermögen aufgegeben und übernimmst kritiklos die Urteile der anderen, über dich und andere Dinge. In diesem Kapitel werde ich den Grundstein dafür legen, dass du dich aus einer solchen Abhängigkeit befreien und dir deine Entscheidungshoheit zurückholen kannst.

Wege, die zum Scheitern verurteilt sind

Das Traurige an der Sache ist, dass sich viele Menschen ihres Zustandes bewusst sind. Sie wissen, dass sie sich in einer emotionalen Abhängigkeit befinden. Aber leider wollen sie die Abhängigkeit auf Wegen überwinden, die nicht funktionieren und nicht funktionieren können. Ein bekannter Weg ist es, sich Moralpredigten zu halten:

- „Mir sollte das, was andere sagen, egal sein."
- „Wieso mache ich mir so viele Gedanken darüber, was andere von mir denken? Das, was sie denken ist doch nicht so wichtig."

Auch wenn sich solche Predigten schön anhören und eine gewisse persönliche Reife signalisieren, so bringen sie in Wirklichkeit leider nichts. Denn sie befassen sich nicht mit dem Kernproblem.

Um das Kernproblem zu lösen, musst du verstehen, dass Abhängigkeit das Fehlen von Unabhängigkeit bedeutet. Es gibt also kein Vakuum zwischen Abhängigkeit und Unabhängigkeit.

Das Fehlen des einen bedeutet die Existenz des anderen.

Der Weg über die Unabhängigkeit

Wenn du dich also aus einer emotionalen Abhängigkeit befreien willst, so gibt es nur einen Weg, der funktioniert: Der Weg über die Unabhängigkeit. Du versuchst also nicht, die emotionale Abhängigkeit durch Moralpredigten oder Leugnen zu zerstören. Stattdessen strebst du aktiv nach der Unabhängigkeit. Und das kann dir gelingen, indem du deinen inneren Signalen mehr Aufmerksamkeit schenkst.

Denn der Punkt dabei ist folgender: Je mehr du deine inneren Signale wahrnimmst (das heißt: Gefühle, Bedürfnisse, Wünsche), desto unwichtiger werden die Signale der anderen für dich. Und das hat zur Folge, dass es dir nicht mehr so wichtig ist, was andere über dich denken und sagen. Du musst also die Richtung deiner Aufmerksamkeit ändern. Von den anderen zu dir. Wie sieht das konkret aus?

Gefühle

Eine emotionale Abhängigkeit zu überwinden fängt damit an, deine eigenen Gefühle wahrzunehmen. Und dabei sind nicht nur Gefühle gemeint, die prompt ins Bewusstsein rücken, wie zum Beispiel große Angst, sondern auch subtilere Gefühle. Frage dich also:

- Was spüre ich in meinem Körper?
- Was fühle ich gerade?

Wenn du mit einem anderen Menschen unterwegs bist, dann frage dich:

- Was löst dieser Mensch in mir aus?
- Macht es mir Spaß, mit ihm unterwegs zu sein, oder löst er eher Verunsicherung und Angst in mir aus?

Je mehr du deine eigenen Gefühle wahrnimmst, desto unwichtiger werden die Gefühle der anderen für dich.

Wenn du beispielsweise mit einem anderen Menschen unterwegs bist, wirst du dich nicht mehr darum sorgen, ob ihm deine Gesellschaft Spaß macht oder wie er sich mit dir fühlt. Vielmehr wird es dich interessieren, ob dir diese Unternehmung Spaß macht und was du selbst dabei fühlst.

Das Ergebnis: Deine Abhängigkeit verringert sich.

Bedürfnisse

Ein weiterer wichtiger Ansatz, um deine emotionale Abhängigkeit zu verringern, ist der Bereich deiner Bedürfnisse. Denn wenn du bisher emotional abhängig warst, hast du höchstwahrscheinlich viel Zeit damit verbracht, dich nach den Bedürfnissen der anderen zu richten und deine eigenen zu vernachlässigen. Das ist jedoch die falsche Art und Weise, selbstlos zu sein. Doch wenn du an dieser Schraube anfängst zu drehen, Doch wenn du an dieser Schraube anfängst zu drehen, kann das wahre Wunder für dich und dein Leben bewirken. Nimm also deine eigenen Bedürfnisse wahr. Frage dich:

- Was brauche ich gerade?
- Was würde mir gerade guttun?

Und das Wichtigste: Handele nach deinen Bedürfnissen. Es reicht nicht, wenn du lediglich deine Bedürfnisse wahrnimmst. Du musst sie auch entsprechend befriedigen. Wenn dich beispielsweise ein Freund fragt, ob du Lust hast etwas zu unternehmen, du aber lieber entspannen möchtest, dann sag deinem Freund ab. Hör auf deinen Körper und sprich mit ihm. Frag ihn, was er braucht.

Das Prinzip ist wieder das gleiche: Je mehr du deine eigenen Bedürfnisse wahrnimmst, desto unwichtiger werden die Bedürfnisse der anderen für dich.

Das Ergebnis: Deine Abhängigkeit verringert sich.

Wünsche

Auch deine Wünsche sind ein wichtiges Zeichen deiner Persönlichkeit und ein Ausdruck davon, was dir wichtig ist und was nicht. Sie zu leugnen würde bedeuten, dass du deine Persönlichkeit leugnest.

Doch möglicherweise lässt du dich durch die Wünsche der anderen einschüchtern und gibst lieber ihren Wünschen nach, um ja keinen Konflikt zu verursachen. Doch das Problem ist, dass du dich damit noch mehr in eine Abhängigkeit begibst. Nimm also in Zukunft deine Wünsche wahr. Frage dich:

- Was möchte ich?
- Was würde ich gerne tun?

- Wo möchte ich hin?

Wenn du beispielsweise mit einem Freund den Abend planst, dann bringe deine Wünsche auch zum Ausdruck, statt einfach dem nachzugeben, was er will. Überlege dir: „Was würde ich heute am liebsten tun?" und sprich diese Wünsche aus.

Und auch hier ist das Prinzip dasselbe: Je mehr du deine eigenen Wünsche wahrnimmst, desto weniger wichtig werden die Wünsche der anderen.

Das Ergebnis: Deine Abhängigkeit verringert sich.

Gedanken

Um im wahrsten Sinne des Wortes unabhängig zu sein, musst du natürlich auch für dich selbst sorgen können. Und damit meine ich nicht nur finanziell, sondern auch mental. Auch wenn andere Menschen dir bei der Entscheidungsfindung helfen und Vorschläge geben können: Sie können nicht für dich denken. Sie können dein Leben nicht planen und zeigen, was gut für dich wäre und was nicht.

Du musst es lernen, die Kontrolle ab sofort selbst zu übernehmen und selbst zu bestimmen, in welche Richtung dein Leben gehen soll. Daher: Denke nach und handle nach deinen Gedanken.

Entscheide selbst, was richtig und falsch ist. Was gut und was schlecht ist. Niemand hat die Autorität darüber außer dir selbst. Wenn du es beispielsweise falsch findest, teure Klamotten zu kaufen, obwohl du dein Geld sparen solltest, dann tue es nicht. Lebe dein Leben selbst. Und das fängt mit dem Denken an.

Der Punkt ist natürlich wieder folgender: Je mehr du selbst nachdenkst und entscheidest, was richtig und falsch ist, desto weniger haben andere Menschen Kontrolle über dich.

Das Ergebnis: Deine Abhängigkeit verringert sich.

2.3 Authentisch leben

Die Wahrnehmung innerer Signale ist die Basis für die Überwindung emotionaler Abhängigkeit. Doch das ist nur der erste Schritt. Denn was bringt es dir, wenn du ganz genau weißt, was du in deinem Leben möchtest, dich aber dennoch von anderen lenken und steuern lässt?

Der zweite Schritt ist daher das authentische Leben. Das bedeutet, deine inneren Signale in entsprechende Verhaltensweisen zu übersetzen. Deine Gefühlslage und deine Gedanken müssen in deinem Verhalten verankert sein.

Was bedeutet authentisches Leben?

Authentisches Leben bedeutet, dass die Person, als die du dich selbst im Inneren empfindest, mit der Person, für die einen die Umwelt hält, identisch ist.

Das bedeutet konkret, dass du dich im Alltag so gibst, wie du in Wirklichkeit bist und keine Fassade aufsetzt. Du verstellst dich nicht, um anderen Menschen zu gefallen oder ihnen zu schmeicheln.

Dir ist es wichtiger, deine wahre Persönlichkeit zum Ausdruck zu bringen, als das, was andere sagen und denken könnten.

Beispiel für ein unauthentisches Verhalten:

Du redest mit einem Kollegen über ein Thema, zu dem du

eigentlich eine feste Meinung hast. Doch du stellst fest, dass dein Kollege über dieses Thema wohl anders denkt und anderer Meinung ist. Um keine Konfrontation zu verursachen, stimmst du dennoch zu, da du Angst davor hast, was dein Kollege über dich denken könnte. Möglicherweise würde er dich in Zukunft nicht mehr respektieren oder mögen, wenn du ihm die Wahrheit sagtest. Um den Respekt und die Zuneigung deines Kollegen zu sichern, lügst du ihn an. Was du dabei nicht bemerkst, ist, dass deine Selbstliebe dadurch großen Schaden nimmt.

Wieso du dich verstellst

Vielleicht möchtest du an dieser Stelle folgendermaßen argumentieren: Verstellen wir uns nicht alle hin und wieder mal? Ist das nicht normal? Das mag sein. Aber nur, weil es jeder macht, heißt es nicht, dass es gut ist. Es bedeutet nicht, dass deine Selbstliebe keinen Schaden davonträgt, nur, weil es jeder tut.

Daher stellt sich überhaupt erst die Frage: Wieso verstellst du dich eigentlich? Was versuchst du damit zu erreichen?

Natürlich verstellst du dich, damit andere dich mögen und liebenswert finden. Doch es gibt einen tieferliegenden Grund: Du verstellst dich, weil du glaubst, dass man dich so, wie du in Wirklichkeit bist, nicht akzeptieren und mögen würde.

Du schätzt dich selbst als einen Menschen ein, der nicht liebenswert ist und es nicht verdient hat, von anderen gemocht zu werden. Das ist deine Meinung über dich selbst. Um trotzdem gemocht zu werden, verstellst du dich vor anderen Menschen. Du gibst vor, anders zu sein, als du in Wirklichkeit bist.
Obwohl das nach einer kreativen Lösung klingt, ist der

Knackpunkt dabei folgender: Du wirst ständig Angst davor haben, dass deine Lüge auffliegt. Auch bekannt unter dem Namen „Angst vor Ablehnung".
Du kennst die Wahrheit. Du weißt, dass du nicht liebenswert bist. Und du weißt, dass du andere anlügst. Doch wann werden die anderen die Wahrheit erfahren? Wann werden sie erkennen, dass du in Wirklichkeit wertlos bist und nur geschauspielert hast?

Die Angst wartet also immer im Hintergrund. Und Angst führt bei Menschen dazu, dass wir unsere Sinne in die Gefahrenrichtung schärfen. Konkret bedeutet das, dass du ständig nach Anzeichen dafür suchst, dass andere die Wahrheit erfahren haben. Die Wahrheit darüber, dass du wertlos bist.

Du glaubst, dass andere Menschen schlecht über dich reden, obwohl sie sich möglicherweise nur über ein Fußballspiel unterhalten haben. Du glaubst, dass ein bestimmter Kollege dich nicht mag, obwohl er einfach nur einen schlechten Tag gehabt hat.

Du hast Angst davor, dass andere Menschen dich ablehnen, doch verstehst nicht, dass die Ablehnung, die du so sehr fürchtest, zunächst einmal von dir selbst ausgeht.

Der Mut zu Wahrheit

Klar und unbestreitbar ist, dass Selbstliebe und das Gefühl, dass du liebenswert bist, nur durch Ehrlichkeit erzeugt werden können. Nur durch die Bereitschaft, der Welt dein wahres Gesicht zu zeigen, statt nur einer Fassade.

Versuche also täglich etwas mehr Ehrlichkeit in dein Leben zu bringen. Ehrlichkeit dir selbst und anderen gegenüber. Gib jeden Tag etwas mehr von deiner Persönlichkeit preis.

Natürlich ist das keine leichte Aufgabe. Vor allem dann nicht, wenn du dein ganzes Leben lang schon ein eher unauthentisches Leben geführt hast. Doch das ist nicht wichtig. Wichtig ist nur deine ehrliche Absicht, dein Verhalten jeden Tag etwas mehr zu ändern.

2.4 Denken und nach den eigenen Gedanken handeln

Niemand kann für dich denken. Und somit kann auch niemand dein Leben für dich leben. Denn ein erfolgreiches Leben ohne eigenständige Gedanken ist unmöglich.

Für viele Menschen ist diese Erkenntnis beängstigend. Denn sie bedeutet nichts anderes, als dass sie ihr Schicksal in die eigenen Hände nehmen müssen. Und das wiederum bedeutet, dass sie Verantwortung tragen müssen und somit das Risiko eingehen, Fehler zu machen.

Doch Fakt ist, dass sie sich durch die Weigerung in eine emotionale Abhängigkeit von anderen Menschen begeben und die Fähigkeit verlieren, authentische Selbstliebe zu entwickeln.

Genauso, wie du dein Leben nicht erfolgreich führen kannst, ohne selbständig zu denken, kannst du auch keine Selbstliebe entwickeln, wenn du nicht das Gefühl hast, am Steuer zu sitzen.

Eigene Probleme können nur durch eigenes Nachdenken gelöst werden

Dieser Punkt wird ganz deutlich, wenn es darum geht, eigene Probleme zu lösen. Jeder Mensch wird Tag für Tag mit neuen Problemen und Schwierigkeiten konfrontiert. Manche von ihnen sind klein und schnell lösbar, andere erfordern einiges an Nachdenken.

Das Problem an der Sache ist, dass es für manche Probleme keine Patentlösung gibt. Und manchmal gibt es nicht einmal die richtige Antwort.

Angenommen, ich habe ein Problem mit meinem Smartphone. Dann kann ich das Internet nach einer Lösung durchforsten. Oder ich rufe beim Kundenservice an, der mir mit Sicherheit weiterhelfen kann. Denn das Problem, das ich mit meinem Smartphone habe, hatten sicherlich schon viele andere, sodass es oft eine fertige Lösung dafür gibt.

Doch was ist mit subtileren Problemen? Probleme, die dich ganz persönlich betreffen und zu denen sonst niemand einen Bezug hat? Diese Angelegenheiten musst du selbst lösen, da es für sie keine Patentlösungen gibt.

Wenn Menschen, die nicht selbständig denken, mit einem solchen Problem konfrontiert werden, suchen sie meist den Rat einer Autoritätsperson. Oft sind das die Eltern oder Freunde, die unabhängiger sind. Wenn sie dann einen Rat bekommen, befolgen sie diesen meist kritiklos. Doch das ist problematisch. Wieso?

Zum einen kannst du dich nicht immer darauf verlassen, dass die Autoritätspersonen zur Hilfe bereit sind. Denn es gibt einen Unterschied zwischen der Suche nach Hilfe und dem Versuch, alle wichtigen Angelegenheiten und Entscheidungen einem anderen Menschen zu überlassen.

Zum anderen – und das ist das Wichtigste: Es gibt keine Garantie dafür, dass das die beste Lösung für dich ist. Es kann sein, dass man dir eine Lösung anbietet, die überhaupt nicht auf dich abgeschnitten ist. Du bist der einzige Mensch, der Zugang zu deinen eigenen Gedanken, Gefühlen, Wünschen und Bedürfnissen hat. Nur du kannst wissen, was dir selbst guttut und was nicht.

Nur du kannst Lösungen für deine Probleme finden, die im Endeffekt das Potenzial haben, dich zufriedenzustellen.

Eigene Gedanken im Job

Um dein Leben erfolgreich zu bestreiten, ist es natürlich notwendig, dass du finanziell gut aufgestellt bist. Dafür gibt es verschiedene Wege. Für die einen ist es besser, in einem Unternehmen angestellt zu sein. Für die anderen ist Selbstständigkeit der bessere Weg.

Ganz gleich, welchen Weg du wählst oder gewählt hast: Du kannst deinen Job nicht gut machen, wenn du nicht selbständig denkst. Wenn es ein Problem im Betrieb oder in deinem Unternehmen gibt, bist du dafür verantwortlich, eine entsprechende Lösung zu finden. Und die kannst du nicht finden, wenn du nicht eigenständig denkst.

Sicherlich gibt es heute noch viele Jobs, die nicht viel Unabhängigkeit und somit eigene Gedanken erfordern, beispielsweise die Fließbandarbeit. Doch wie du in den letzten Jahren sicherlich bemerkt hast: Der Markt für unqualifizierte Arbeit schrumpft täglich. Jene Jobs, die nicht viel Selbständigkeit brauchen, werden schon bald durch Maschinen ersetzt werden. Was stattdessen gebraucht wird, sind Menschen, die in der Lage sind, selbst zu denken, Ideen hervorzubringen, Lösungen zu finden.

Eigene Gedanken in der Liebe und Freundschaft

Kaum ein Bereich deines Lebens bleibt von der Notwendigkeit des selbständigen Denkens unberührt. Auch in der Liebe und in Freundschaften ist Selbständigkeit nicht nur gut, sondern auch notwendig.

Wenn du in deiner Beziehung mit Problemen konfrontiert wirst und nicht dazu in der Lage bist, sie rechtzeitig zu lösen, kann das in einem bösen Knall enden.

Obwohl einige Menschen behaupten, dass rationales

Denken bei Liebe und Freundschaften keinen Platz haben, sehe ich das anders.

Gedanken und Gefühle gehen immer Hand in Hand. Sie sollten sich gegenseitig unterstützen, statt sich auszuschließen.

Bevor du eine ernsthafte Beziehung eingehst, solltest du dir gründlich überlegen, ob du mit diesem Menschen auch wirklich zusammenpasst. Gibt es irgendwelche Angelegenheiten, die euch später zum Problem werden könnten? Wenn du dich blind in eine Beziehung stürzt, ist das Chaos vorprogrammiert.

Dasselbe Prinzip gilt auch für Freundschaften. Sicherlich kannst du dir als Kind nicht aussuchen, wen du dir zum Freund wählst. Das ergibt sich durch die Umstände. Doch als Jugendlicher bzw. Erwachsener kannst du das sehr wohl und du solltest es auch. Wenn du mit den falschen Menschen Freundschaften eingehst, wirst du von ihnen – ob du willst, oder nicht – negativ beeinflusst. Freunde und im Allgemeinen Menschen, mit denen du viel Zeit verbringst, haben einen enormen Einfluss auf dich. Daher ist es deine Verantwortung zu entscheiden, welchen Einfluss du lieber hättest.

Gedanken und Gefühle

Der Zusammenhang zwischen Gedanken und Gefühlen ist für viele Menschen zunächst nicht klar. Auch halten sie viele für gegensätzlich. Dass diese Annahme falsch ist, möchte ich an folgendem Beispiel erläutern:

Wenn du abends zu Hause bist und ein maskierter Mann betritt das Zimmer, dann ist das Gefühl, das du höchstwahrscheinlich verspürst, Angst. Wieso? Weil ein fremder Mensch bei dir zuhause ist, der zudem maskiert ist. Mit der Maske assoziierst du böse Absichten.

Doch angenommen, ein kleines Kind befindet sich ebenfalls im Zimmer. Das Kind verspürt nicht zwangsläufig Angst, denn es assoziiert mit der Maske nichts Bedrohliches. Möglicherweise glaubt es, dass der fremde Mann mit ihm spielen will, weil er eine Maske trägt, und empfindet Freude.

Der Punkt dabei ist: Gefühle werden durch Gedanken (bzw. Überzeugungen) erzeugt. Hinter jedem Gefühl steckt eine Überzeugung, die dir im Augenblick nicht einmal bewusst sein muss.

Wenn du falsche Überzeugungen von anderen Menschen kritiklos übernommen hast, wirst du auch fremdbestimmte Gefühle empfinden.

2.5 Nein sagen

Wenn es darum geht, eine starke Selbstliebe zu entwickeln, ist das Neinsagen die effektivste Methode, um schnell Ergebnisse zu erzielen. Denn durch das Neinsagen baust du Grenzen zu anderen Menschen auf und handelst nach deinen eigenen Wünschen und Bedürfnissen.

Doch gleichzeitig muss gesagt werden, dass dies auch eine der schwierigeren Methoden ist. Vor allem dann, wenn du dich noch am Anfang deiner Reise zur Selbstliebe befindest und möglicherweise emotional abhängig von anderen bist.

Wieso das Neinsagen eine Herausforderung ist

Die Schwierigkeit des Neinsagens besteht darin, dass ihm eine knifflige Entscheidung zugrunde liegt: Die Entscheidung zwischen dem, was du brauchst und willst und dem, was andere über dich sagen und denken könnten. Diesen Entscheidungsprozess möchte ich anhand des folgenden Beispiels verdeutlichen:

Dein Arbeitskollege fragt dich, ob du seine Schicht übernehmen kannst.

Innerlich weißt du, dass du überhaupt keine Lust darauf hast und viel lieber auf der Couch entspannen möchtest. Dennoch sagst du zu.

Welcher Entscheidungsprozess hat hier stattgefunden? Zwischen welchen zwei Alternativen hast du dich entschieden?

Alternative 1: Du sagst „Ja“. Dann ist dein Arbeitskollege erfreut und denkt Gutes über dich. Du dahingegen hast deine eigenen Wünsche und Bedürfnisse zugunsten der Gedanken deines Arbeitskollegen vernachlässigt.

Alternative 2: Du sagst „Nein“. In diesem Fall ist dein Arbeitskollege vermutlich enttäuscht und sauer auf dich. Möglicherweise denkt er in seiner Verärgerung schlecht über dich. Du dahingegen hast deine Wünsche und Bedürfnisse respektiert und dir selbst damit eine ordentliche Portion Selbstliebe eingefahren.

Kurz gesagt: Die Entscheidung beim Neinsagen liegt immer zwischen deinen eigenen Bedürfnissen und Wünschen und dem, was andere über dich sagen und denken könnten.

Das Tragische an dem Leben vieler Menschen ist, dass sie sich fast ausschließlich für die erste Alternative entscheiden. Sie glauben, dass sie sich durch Zurückstecken und den Verzicht auf die eigenen Bedürfnisse die Liebe der anderen sichern können. Und damit auch ihre Selbstliebe.

Doch genau das Gegenteil ist der Fall:

Jedes Mal, wenn du deine eigenen inneren Signale nicht respektierst und ihnen zuwiderhandelst, verlierst du etwas Achtung vor dir selbst.

Habe den Mut, Nein zu sagen

Aller Anfang ist schwer. Und das Neinsagen stellt keine Ausnahme dar. Doch wenn du den Mut aufbringst, den ersten Schritt zu machen, wirst du schon bald merken, dass es immer einfacher wird. Dir wird es immer selbstverständlicher vorkommen, deine Bedürfnisse und

Wünsche zu respektieren und du wirst dich selbst viel lieber mögen.
Und ein erfreulicher Nebeneffekt dabei ist: Du stärkst durch das Neinsagen nicht nur deine Selbstliebe. Auch andere Menschen werden viel mehr Respekt vor dir haben und dich in Zukunft entsprechend behandeln. Sie wissen selbst ganz genau, wie schwierig es ist, für seine eigenen Bedürfnisse und Wünsche einzustehen. Und die Tatsache, dass du den Mut dazu aufgebracht hast, wird sie beeindrucken.

Um Missverständnissen vorzubeugen

Natürlich gehört es zum zwischenmenschlichen Umgang dazu, dass man einander hin und wieder einen Gefallen tut. Schließlich besteht das Leben aus Geben und Nehmen. Doch was ich hier beschreibe, ist der Zustand, chronisch nicht Nein sagen zu können und daher möglicherweise von seinen Mitmenschen ausgenutzt wird. Denn andere Menschen erkennen sehr schnell, wenn man unsicher ist, und nutzen das in manchen Fällen aus.

Fakt ist: Eine gesunde Beziehung findet immer auf Augenhöhe statt. Sie zeichnet sich nicht dadurch aus, dass eine der Parteien ihre Wünsche und Bedürfnisse stets durchsetzt.

2.6 Überzeugung: „Ich bin wichtig“

Zum Aufbau deiner Selbstliebe ist auch die Überzeugung notwendig, dass du wichtig bist. Das bedeutet, dass deine Gedanken, Gefühle, Bedürfnisse und Wünsche einen Wert haben und dass du ein Recht darauf hast, diese Überzeugungen in deinem Verhalten zu verankern und zum Ausdruck zu bringen.

Ich habe bereits in vorigen Kapiteln erwähnt, dass Überzeugungen die Grundlage für Gefühle sind. Das bedeutet, dass die Denkweisen, die du dir im Laufe deines Lebens angeeignet hast, maßgeblich für dein Leben verantwortlich sind. Und dabei ist es ganz egal, ob die Überzeugungen der Wahrheit entsprechen oder nicht. Es ist auch egal, ob du sie selbst kreiert hast oder kritiklos von anderen übernommen hast.

Sobald Gedanken zu einer Überzeugung werden, verursachen sie Gefühle, die wiederum dein Verhalten beeinflussen.

Wenn du also der Überzeugung bist, dass du nicht wichtig bist und deine Gedanken und Gefühle im Grunde wertlos und unwichtig sind, dann wird sich diese Überzeugung auch in deinen Gefühlen widerspiegeln. Konkret werden dich deine Gefühle dazu verleiten, deine eigene Meinung nicht auszusprechen. Sie werden dich dazu ermuntern, deine Gefühle nicht auszudrücken und deine Wünsche und Bedürfnisse zu leugnen. Im Grunde wirst du die Meinung der anderen Menschen als Realität ansehen, auch in Bezug auf dich. Denn Folgendes werden dir deine Gefühle zuflüstern: „Wer bist du überhaupt, dass du dir anmaßt, eine eigene Meinung zu haben?“

Fall du dahingegen der Überzeugung bist, dass du wichtig bist und deine Gedanken und Gefühle einen Wert haben, werden dich deine Gefühle genau zum Gegenteil verleiten. Sie werden dich dazu ermuntern, deine Meinung auszusprechen und hinter ihr zu stehen. Sie werden dich ermuntern, deinen eigenen Weg zu gehen und deinen eigenen Gedanken zu folgen. Außerdem werden deine Gefühle protestieren, wenn andere dich nicht mit dem Respekt behandeln, den du verdienst.

Wichtig ist ein subjektiver Begriff

Um von vornherein Missverständnisse zu vermeiden, möchte ich betonen, dass „wichtig“ ein subjektiver Begriff ist. Jeder Mensch kann selbst entscheiden, was er als wichtig erachtet, und sollte das auch tun.

Wenn ich also sage, dass ich wichtiger als andere Menschen bin, meine ich damit Folgendes:

„Ich für mich bin mir selbst wichtiger als andere Menschen. Gleichzeitig respektiere ich aber das Recht jedes einzelnen, sich selbst wichtiger zu nehmen als mich.“

Doch angenommen, jemand vertritt die Überzeugung, dass jeder Mensch auf dieser Welt sich ihm unterordnen müsse, weil er wichtiger sei. Dies ist dann krankhafter Egoismus. Das ist der Unterschied.

Du hast das Recht, glücklich zu sein und deine Ziele zu erreichen

Überzeugungen entstehen natürlich nicht aus dem Nichts. Sie haben alle eine entsprechende Grundlage. Die Grundlage für die Überzeugung, dass du wichtig bist, entspringt einfach der Tatsache deines Menschseins. Allein, dass du auf dieser Welt bist, gibt dir das Recht, glücklich zu sein. Und dementsprechend hast du auch das Recht, alles Notwendige dafür zu tun, um diesen Zustand zu erreichen (natürlich unter Wahrung der Grundrechte aller Menschen).

Als Mensch hast du das angeborene Recht, dir Ziele zu setzen und an deren Verwirklichung zu arbeiten. Du hast das Recht, dich selbst zu verwirklichen und das Beste aus dir herauszuholen.

Du übernimmst mehr Eigenverantwortung

Wenn du der Überzeugung bist, wichtig zu sein, dann übernimmst du natürlich auch mehr Verantwortung in deinem Leben. Das kommt beispielhaft in folgenden Punkten zum Ausdruck:

- Du sorgst dich um deine Gesundheit und Fitness.
- Du sorgst dich um deine Beziehungen im Leben.
- Du sorgst dich um dein finanzielles Wohl.
- Du setzt dir Ziele und arbeitest daran, sie zu erreichen.
- Du kümmerst dich aktiv um die Problembereiche in deinem Leben und versuchst sie zu lösen.

- Du versuchst aktiv, Glück in deinem Leben zu erreichen.

Das alles sind Bereiche, in denen du fast automatisch Verantwortung übernimmst, wenn du dich als wichtig erachtest. Wieso solltest du sie auch nicht übernehmen? Schließlich bist du wichtig und dein Leben gehört dir. Du hast das Recht, das Beste aus deinem Leben zu machen.

Wenn du dagegen der Überzeugung bist, dass du unwichtig bist, oder dass andere wichtiger sind als du, dann übernimmst du auch keine Eigenverantwortung.

Wieso solltest du dich auch um deine Gesundheit kümmern, wenn du unwichtig bist?

Wieso solltest du dich um dein finanzielles Wohl kümmern, wenn dein Leben nicht relevant ist? Warum solltest du dir Ziele setzen und an ihnen arbeiten, wenn du es nicht verdient hast, ein glückliches Leben zu führen?

Wenn du dein Leben anderen widmest, sind psychische Probleme vorprogrammiert

Kein Mensch auf dieser Welt ist dazu verpflichtet, die Erwartungen anderer zu erfüllen. Ganz gleich, ob es sich dabei um die Erwartungen der Familie, Freunde oder der Gesellschaft handelt.

Du kannst dein Leben nur erfolgreich und glücklich meistern, wenn du nach deinen eigenen Maßstäben lebst und nicht nach den Maßstäben anderer Menschen. Du musst also selbst entscheiden, was richtig und was falsch ist und dein Leben danach ausrichten.

Wenn du dagegen meinst, die Erwartungen anderer Menschen erfüllen zu müssen, ist das ein Freifahrtschein für psychische Probleme. Der Grund dafür ist eigentlich leicht erklärt.

Du weißt tief im Inneren, dass dein Leben fremdgelenkt ist. Du verstehst, dass du nicht am Steuer sitzt und andere Menschen dein Leben lenken. Aber woher sollen andere wissen, was dir guttut und was nicht? Sie kennen dein Innenleben nicht. Sie wissen nicht, was du fühlst, was du brauchst und was du denkst. Wie können sie dann die Richtung deines Lebens festlegen, wenn sie das alles nicht wissen?

Wenn du dich also nach den Maßstäben anderer Menschen richtest, vernachlässigst du deine eigene Person. Deine tiefsten Gedanken und Wünsche bleiben in deinem Inneren eingesperrt – und das muss früher oder später in psychischen Problemen enden. Wenn es darum geht, deinen Lebensweg zu finden, bist du die einzige Autorität.

Niemand hat das Recht, dir ein Lebensskript vorzubereiten und dich zu zwingen, danach zu leben.

Situationen, wo du anderen den Vorrang lassen solltest

Natürlich kann es Situationen geben, wo du die Befindlichkeiten anderer Menschen als wichtiger erachten solltest. Wenn du beispielsweise an einer Unfallstelle vorbeifährst, solltest du selbstverständlich anhalten und Hilfe anbieten. Das ist kein Widerspruch zu der Überzeugung, dass du wichtig bist.

2.7 Umgang mit Gefühlen

Sicherlich erinnerst du dich noch daran, wie viel Lebensfreude du als Kind noch hattest. Du bist völlig unbekümmert durch die Gegend gesprungen und hast dich an den kleinsten Sachen erfreut. Allein das Lernen neuer Dinge hat dich begeistert und du hattest Spaß an deinem Dasein.

Doch hast du diese Lebensfreude heute immer noch? Mit sehr hoher Wahrscheinlichkeit verneinst du das. Die Lebensfreude ist mit der Zeit verlorengegangen. Doch nicht nur bei dir ist das passiert. Die meisten Menschen verlieren mit zunehmendem Alter ihre Lebensfreude. Der Alltag wird dann zur Qual.

Viele Menschen würden an dieser Stelle behaupten, dass das einfach zum Erwachsenwerden dazugehöre. Man sehe das wahre Gesicht der Welt und das führe zu Betrübnis.

Doch entgegen all diesen Behauptungen bin ich komplett anderer Meinung. Der Verlust der Lebensfreude ist mit Sicherheit kein „natürlicher" Prozess. Vielmehr glaube ich, dass es mit dem falschen Umgang mit Gefühlen zusammenhängt, die du von deinen Eltern und deiner Umgebung vermittelt bekommst.

Bereits im Kindesalter wirst du von deinen Eltern dazu ermutigt, manche Gefühle zu unterdrücken. Meistens sind das Gefühle wie Angst, Trauer, oder Ärger. Bestimmt hast du manche Aussagen noch in Erinnerung, wie „Sei kein Angsthase" oder (wenn du ein Mann bist): „Echte Männer weinen nicht." Um keinen Liebesentzug von deinen Eltern zu riskieren, bist du natürlich ihrer Bitte nachgekommen und hast diese Gefühle unterdrückt, blockiert und geleugnet.
Das hat mit der Zeit dazu geführt, dass du den Zugang zu deinen Gefühlen verloren hast. Je mehr du einzelne

Gefühle unterdrückst, desto mehr verlierst du den Zugang zur Gesamtheit deiner Gefühle.

Wenn du beispielsweise Angst unterdrückst, dann schwindet nicht nur deine Fähigkeit, Angst zu empfinden, sondern allgemein deine Fähigkeit, Gefühle zu empfinden.

Angesichts dieser Tatsache wird deutlich, wie wichtig es für dich ist, einen angemessenen und richtigen Umgang mit deinen Gefühlen zu finden. Wenn du nicht richtig mit deinen Gefühlen umgehen kannst, kannst du auch keine gesunde Selbstliebe entwickeln.

Jedes Gefühl hat seine Daseinsberechtigung

Um einen angemessenen Umgang mit deinen Gefühlen zu lernen, musst du verstehen, was Gefühle überhaupt sind. Obwohl ich in Teil 3 dieses Buches näher darauf eingehen werde, was Gefühle sind und wie sie „funktionieren", möchte ich vorweg eine kurze Zusammenfassung vornehmen:

Gefühle sind ein Abbild deiner tiefsten Überzeugungen und Gedanken. Sie sind also nicht von deinen Gedanken abgeschottet, sondern werden vielmehr von ihnen „erzeugt". Kurzes Beispiel (ein ähnliches Beispiel habe ich im vorigen Kapitel gegeben):

Wenn du der (begründeten) Überzeugung bist, dass ein Maschinengewehr etwas Gefährliches ist, dann wirst du höchstwahrscheinlich Angst empfinden, wenn du jemanden mit einem Maschinengewehr siehst. Denn alles, was laut deinen Überzeugungen gefährlich und schlecht für dich ist, wird in der Gefühlssprache mit Angst „übersetzt".

Wenn dahingegen ein kleines Kind das Maschinengewehr sieht, empfindet es nicht zwangsläufig Angst. Denn es hat noch keine Vorstellung davon, was ein Maschinengewehr ist. Es weiß nicht, dass damit Menschen umgebracht werden können und es daher etwas Gefährliches ist. Also übersetzt die Gefühlssprache das Maschinengewehr nicht in Angst.

Eine wichtige Aufgabe für dich wird es später sein, falsche und unbegründete Überzeugungen zu identifizieren und sie entsprechend zu hinterfragen.

Jetzt, da du eine Vorstellung davon hast, was Gefühle sind: Was ist der richtige Umgang mit Gefühlen?

Gefühle zulassen, aber dich nicht von ihnen kontrollieren lassen

Wieso unterdrückst du überhaupt Gefühle? Du unterdrückst sie, weil sie dich von deinen Vorhaben abhalten. Wenn du beispielsweise eine Frau ansprechen willst, aber Angst hast, dann unterdrückst du die Angst. Du möchtest nicht, dass das Gefühl dich davon abhält, diese Frau anzusprechen. Doch genau das ist die falsche Annahme.

Du musst Gefühle nicht unterdrücken, um nicht nach ihnen zu handeln. Wenn wir bei obigem Beispiel bleiben: Du musst nicht die Angst unterdrücken, um die Frau anzusprechen. Du kannst stattdessen das Gefühl akzeptieren, die Angst zulassen, aber dennoch nicht nach ihr handeln – und die Frau ansprechen.
Genau das ist der richtige Umgang mit Gefühlen: Du

musst jedes Gefühl akzeptieren und seine Empfindung zulassen. Gefühle sind ein Ausdruck von dir. Ganz gleich, ob sie dir gefallen oder nicht: Sie sind ein Ausdruck von dir. Ein Gefühl zu leugnen würde bedeuten, dich selbst zu betrügen

Es gibt nichts, das mehr an deiner Selbstliebe nagt als Selbstbetrug.

Das Problem an der Sache des Akzeptierens ist, dass die meisten Menschen glauben, ihren Gefühlen dann nachgeben zu müssen. Um erneut auf das obige Beispiel zurückzukommen: Wenn du Angst hast, eine Frau anzusprechen, und ich dir sage: „Akzeptiere das Gefühl und lass zu, dass du es empfindest", könntest du glauben, dass ich dich davon überzeugen wollte, dass du die Frau nicht ansprechen, also dem Gefühl nachgeben solltest. Doch das ist ein Trugschluss.

Du kannst ein Gefühl akzeptieren und zulassen, aber dennoch dich entscheiden, nicht danach zu handeln.

In den letzten Wochen, als ich dieses Buch geschrieben habe, gab es Tage, an denen ich überhaupt keine Lust hatte zu schreiben. Doch ich bin nicht hingegangen und habe dieses Gefühl der Unlust geleugnet und blockiert. Vielmehr habe ich akzeptiert, keine Lust zu haben, und das Verspüren dieser Unlust zugelassen. Dennoch habe ich mich an meinen Laptop gesetzt und geschrieben. Der Unterschied ist, dass ich meinem Gefühl – welches ein Ausdruck von mir und somit Realität ist – erlaubt habe, da zu sein, und mich somit nicht selbst betrogen habe.

Versuche also in Zukunft, nicht mit deinen Gefühlen zu

kämpfen. Abgesehen davon, dass du damit deine Selbstliebe verringerst, bringt das überhaupt nichts. Die Gefühle werden dadurch nur schlimmer. Akzeptiere deine Gefühle, lasse zu, dass du sie empfindest und entscheide dann, ob es richtig ist, nach ihnen zu handeln.

3. VERGANGENHEIT AUFARBEITEN

3.1 Der natürliche Verlauf von Gefühlen und die Hindernisse im Leben

Wenn du an deiner Selbstliebe arbeiten möchtest, so gibt es zwei Richtungen, die du parallel einschlagen musst. Zum einen musst du dir die notwendigen Verhaltensweisen aneignen, die wir im zweiten Teil besprochen haben und sie in deinen Alltag integrieren. Zum anderen musst du dir ehemals blockierte und unterdrückte Gefühle bewusst machen, um sie anschließend zu verarbeiten. Wieso das Letztere so wichtig ist, möchte ich dir an einer Metapher verdeutlichen:

Du kannst dir die Verhaltensweisen, die du im zweiten Teil angeeignet hast, als dein Auto vorstellen. Je besser und regelmäßiger du die Verhaltensweisen anwendest, desto besser, leistungsfähiger und problemloser wird dein Auto fahren.

Deine Vergangenheit und die damit verbundenen

blockierten und unterdrückten Gefühle kannst du dir hingegen als die Straße vorstellen, auf der du fährst. Wenn du also auf einer brüchigen und mit vielen Schlaglöchern besetzten Straße fährst, so ist es natürlich relativ schwierig voranzukommen. Dein Auto hat zwar eine höhere Leistung und könnte potenziell schneller und besser fahren. Doch die brüchige Straße hindert es daran und zwingt es, seine Geschwindigkeit zu drosseln.

Zusammengefasst will ich Folgendes damit sagen: Wenn du nur an deinen Verhaltensweisen arbeitest, ist das natürlich ein guter Schritt und du wirst deutliche Verbesserungen in deiner Selbstliebe bemerken. Doch oft „drosseln" die unverarbeiteten Gefühle aus deiner Vergangenheit deinen Erfolg, indem sie dich in alte Verhaltensmuster zwingen und du dadurch Rückschläge erlebst. Um das zu vermeiden und eine stabile Selbstliebe zu entwickeln, ist es daher unerlässlich, deine unterdrückten Gefühle aus der Vergangenheit aufzuarbeiten.

Relevanz der Gefühle

Offensichtlich würde jeder der Aussage zustimmen, dass Gefühle wichtig sind und dass man einen angemessenen Umgang mit ihnen lernen muss. Doch wie wichtig Gefühle in Wirklichkeit sind, merkt man erst, wenn man durch den falschen Umgang mit ihnen ein psychisches Problem verursacht hat. Angefangen bei Depressionen über Burnout bis hin zu Angst- und Zwangsstörungen. Das Letztere traf leider auf mich zu.

Ich habe die Konsequenzen eines falschen Umgangs mit Gefühlen am eigenen Leib erfahren müssen. Mit 15 Jahren habe ich infolge einer schweren familiären Krise, über 6 Monate hinweg, sehr belastende Gefühle gehabt. Ich wusste nicht, wieso diese Gefühle da waren, geschweige denn, was sie mir zu sagen hatten.

Alles, was ich gewusst habe, war, dass sie extrem unangenehm waren. Daher schien mir die einfachste Lösung, diese Gefühle zu unterdrücken – so lange, bis ich sie abgetötet hätte und nicht mehr spürte. Denn das war doch die logische Antwort. Ich hatte etwas, das mir unangenehm war, und um mich besser zu fühlen, musste ich es loswerden.

Aber so sehr ich es auch probierte, diese Gefühle loszuwerden: Es wollte nicht funktionieren.

Im Gegenteil, sie wurden immer intensiver und unangenehmer.

Also habe ich noch härter an der Unterdrückung dieser Gefühle gearbeitet, bis ich endlich innerlich komplett taub war und gar nichts mehr spürte. Doch war es das, was ich erreichen wollte?

Nachdem sich die familiäre Lage beruhigt hatte, merkte ich, dass etwas mit mir nicht stimmte. Ich wusch mir hunderte Male am Tag die Hände und hatte höllische Angst vor bestimmten Infektionen. Nach etlichen Arzt- und Therapeutenbesuchen wurde letztlich die Diagnose *Zwangsstörung* gestellt.

Die belastenden Gefühle, die ich in den 6 Monaten unterdrückt und „abgetötet" hatte, waren offensichtlich doch nicht vollständig verschwunden. Sie fanden ihren Ausdruck in der Zwangsstörung und in der extremen Sorge über bestimmte Dinge.

Wenn ich stattdessen aber ein Grundverständnis von Gefühlen gehabt hätte – sei es von meinen Eltern oder von meinen Lehrern – so wäre ich anders mit diesen belastenden Gefühlen umgegangen. Ich hätte ihnen zugehört und erlaubt, da zu sein. Ich hätte sie gefragt, was sie mir sagen wollen und wieso sie da sind. Dieser kleine Unterschied im Umgang mit Gefühlen hätte mir jahrelange Qualen und viel Zeit erspart, in der ich versucht habe, mit dieser Störung klar zu kommen.

Die Notwendigkeit wird nicht erkannt

Das Tragische am Leben vieler Menschen ist, dass sie sich der Notwendigkeit der Beschäftigung mit Gefühlen erst bewusst werden, wenn sie bereits ernstzunehmende psychische Schwierigkeiten entwickelt haben.

In meinem Fall galt das Gleiche. Ich habe ein halbes Jahr lang die belastenden Gefühle der familiären Krise als nicht problematisch angesehen und mich nicht damit beschäftigt, ob ich möglicherweise etwas falsch mache. Erst als ich die Zwangsstörung entwickelt hatte und mein Alltag zu einer Qual geworden war, suchte ich nach den Gründen und nach Wegen der (Selbst-)Verbesserung.

Die ersten Anzeichen eines Problems werden leider viel zu oft ignoriert und nicht ernst genommen. Und zugegeben: Nicht nur der einzelne ist schuld daran, sondern auch das gesellschaftliche Klima, das emotionalen Problemen wenig Relevanz beimisst. Sobald jemand über emotionale Probleme klagt, kriegt er altbekannte Sprüche an den Kopf geworfen, wie:

- „Sei kein Weichei."
- „Reiß dich zusammen."

- „Hör auf zu jammern."
- „Das Leben ist nun mal schwer."

Der falsche Umgang mit Gefühlen ist demnach nicht nur ein individuelles Problem, sondern auch ein gesellschaftliches. Sicherlich gibt es Kulturen auf der Welt, die den emotionalen Angelegenheiten mehr Wert beimessen. Doch leider gehört unsere westliche Kultur nicht dazu. Wir haben es nicht gelernt, auf unsere Gefühle zu hören und sie für das zu respektieren, was sie sind. Bei uns werden die Emotionen soweit es geht ignoriert und blockiert. Und wenn es dann nicht mehr weitergeht, gehen wir zum Arzt und lassen uns ein Medikament geben, das uns abstumpfen lässt und dadurch unser Funktionieren sichert.

Wir hören dem Körper nur zu, wenn er schreien muss. Doch stattdessen könnten wir ihm auch zuhören, wenn er nur flüstert.

Durch einen Umgang mit Gefühlen, der von Respekt und Aufgeschlossenheit ausgezeichnet ist, könnte nicht nur das persönliche Wohl jedes Einzelnen gesteigert werden, die Volkswirtschaft könnte Millionen oder Milliarden an Gesundheitsausgaben einsparen. Wenn nur ein Bruchteil des Geldes, das für Therapien ausgegeben wird, in die Erziehung über Gefühle investiert würde, könnte man die verbleibenden Gelder viel sinnvoller und nutzbringender investieren.

Die Rolle der Eltern

Abgesehen von Lehrern und anderen Autoritätspersonen

liegt es natürlich zunächst einmal in der Verantwortung der Eltern, ihren Kindern einen angemessenen Umgang mit Gefühlen zu lehren. Doch leider ist es auch hier Tatsache, dass das in den wenigsten Fällen erfolgreich passiert. Der Grund dafür ist ganz einfach:

Die Eltern gehen selbst nicht richtig mit ihren Gefühlen um.

Kinder lernen nicht nur durch verbale Äußerungen der Eltern, sondern vor allem durch ihr Verhalten. Dementsprechend bringt es nichts, dem Kind stundenlange Vorträge über die Bedeutsamkeit von beispielsweise Ehrlichkeit oder Disziplin zu halten, wenn die Eltern diese genannten Eigenschaften nicht selbst besitzen.

Im Endeffekt hat dies nämlich etwas mit der Glaubwürdigkeit zu tun. Es hat mit der Frage zu tun: Verkörpere ich das, was ich lehren möchte? Ich kann nicht mit einer Zigarette im Mund meinem Kind erzählen, wie schädlich das Rauchen ist. Ich kann meinem Kind nicht erklären, dass Ehrlichkeit sehr wichtig ist, aber daraufhin einen Kollegen anlügen.

Wenn die Eltern eines Kindes eine gesunde Selbstliebe haben, so wird sich das Kind mit hoher Wahrscheinlichkeit ebenfalls lieben. Einfach deswegen, weil das Kind die Verhaltensweisen der Eltern (die zu einer gesunden Selbstliebe führen) entsprechend adoptiert und selbst durchführt. Wenn die Eltern ehrlich mit sich selbst und anderen Menschen umgehen, so wird das Kind höchstwahrscheinlich ebenfalls ehrlich zu sich selbst und anderen sein.

Das, was man tut, ist immer aussagekräftiger als das, was man sagt.

Viele Therapeuten können nicht helfen

Dasselbe Prinzip gilt natürlich auch für Therapeuten. Ich möchte von vornherein klarstellen, dass es sehr viele Therapeuten gibt, die ihren Job sehr gut machen und ihren Patienten sehr weiterhelfen, keine Frage. Doch es ist nicht zu leugnen, dass es auch viele Therapeuten gibt, die nicht glaubwürdig sind. Sie verkörpern nicht das, was sie vermitteln wollen, und somit bleibt die Therapie leider oft erfolglos.

Es ist leider Fakt, dass ein abgeschlossenes Studium noch lange keine Garantie dafür ist, dass der Therapeut dir helfen kann. Tatsächlich gibt es gar Therapeuten, die behaupten, dass das Studium lediglich eine „Lizenz" zum Therapieren sei. Die eigentliche Therapie habe kaum bis gar nichts mit dem Studium zu tun. Ich selbst habe jahrelang mehrere Therapien gemacht, um mit meiner Zwangsstörung klar zu kommen. Doch leider hat mir keine von ihnen so richtig geholfen. Erst als ich selbst aktiv wurde und mich mit Büchern eingedeckt habe, konnte ich Erfolge verzeichnen. Ich habe einige Erklärungsansätze dafür, wieso sich eine Therapie manchmal als so schwer erweist.

Zum einen liegt der Grund oft am falschen Autoritätsdenken. Es gibt wohl kaum kein anderes Land auf der Welt, wo einem Diplom und einem Abschluss so viel Wert beigemessen wird wie in Deutschland. Wer kein abgeschlossenes Studium in einem bestimmten Fach hat, dem wird fast das Recht aberkannt, auch nur über dieses Fach zu reden. Wenn also jemand ein Psychologie-

Studium und danach eine Psychotherapeutenausbildung absolviert hat, gilt er als die absolute Autorität, was psychische Probleme betrifft. Der Patient geht also zum Therapeuten mit der Hoffnung: Der Therapeut wird es schon richten.

Er wird feststellen, was ich falsch mache und mir sagen, was ich zu tun habe, dann wird es mir wie durch ein Wunder besser gehen.

Wenn nur die Patienten diese Erwartungshaltung hätten, wäre das nicht weiter ein Problem. Dann könnte der Therapeut diese Annahme revidieren und den Patienten mehr mit einbeziehen. Doch leider ist es so, dass manche Therapeuten genau derselben Auffassung sind. Sie halten sich für die absolute Autorität und glauben, dass nur sie den Weg aus den Problemen des Patienten kennen.

Dieser Autoritätsanspruch mag vielleicht in einer Kfz-Werkstatt funktionieren, wo der Kunde sein Auto dalässt und es dann einige Tage später repariert zurückholt. Aber was die Psyche eines Menschen betrifft, so hat der Therapeut keine Autorität. Der einzige Mensch, der Autorität besitzt, ist der Patient selbst. Nur er kennt den Weg aus seinen Problemen. Nur er ist in der Lage, verborgene und unterdrückte Gefühle zu entdecken und sie zu verarbeiten. Nur er weiß, was ihm guttut und was nicht.

Der Job des Therapeuten besteht darin, die nötige Atmosphäre zu schaffen, die es dir ermöglicht, diesen Weg zu finden. Er muss dir zeigen, wie du selbst erkennen kannst, was du brauchst. Er ist also eine Art „Coach“. Ein Fußballtrainer läuft auch nicht aufs Spielfeld und schießt Tore. Er zeigt lediglich im Training, wie Tore zu schießen sind. Spielen müssen die Fußballer selbst. Doch leider versuchen viele Therapeuten, selbst aufs Spielfeld zu laufen. Sie glauben, dass sie der Ursprung der Veränderung seien. Sie glauben, dass nur sie den Weg kennen, wie sich ein Patient besser fühlen kann. Und diese Überzeugung führt in eine Sackgasse.

Eigenerfahrung der Therapeuten

Meine zweite Mutmaßung, wieso viele Therapien nicht die gewünschten Erfolge bringen, ist, dass vielen Therapeuten die Eigenerfahrung fehlt. Dafür kann man ihnen natürlich keine Vorwürfe machen, schließlich können sie sich nicht absichtlich in psychische Schwierigkeiten begeben, nur um Erfahrungen zu sammeln, so absurd das auch klingen mag. Dennoch ist es Tatsache, dass Menschen mit Erfahrung besser helfen können. Du würdest schließlich auch keine Tipps zur Unternehmensführung von jemandem annehmen, der selbst noch nie ein Unternehmen geführt hat.

Meiner Meinung nach sind zweifellos jene Therapeuten die besten, die selbst in ihrer Vergangenheit psychische Probleme gehabt und sie erfolgreich überwunden haben. Das kann natürlich keine Voraussetzung zum Therapieren sein, aber wenn man einen solchen Therapeuten gefunden hat, dann ist dieser meist von unschätzbarem Wert. Das merkt man bereits nach der ersten Therapiestunde. Man merkt eine tiefere Verbundenheit und man fühlt sich verstanden. So jemand kennt deinen Zustand, weil er oder sie selbst einmal in einem solchen Zustand war. Er weiß, wie du dich fühlst, weil er sich selbst mal so gefühlt hat. Und das Wichtigste:

> So ein Therapeut kennt den Weg hinaus, weil er ihn bereits selbst gegangen ist.

Der natürliche Verlauf von Gefühlen

Folgende falsche Annahme existiert in den Köpfen vieler Menschen: Wenn ich es schaffe, ein unangenehmes Gefühl zu unterdrücken, bis ich es nicht mehr spüre, dann bin ich das Gefühl losgeworden. Es ist nicht mehr da und wird mich somit in Zukunft in Ruhe lassen.

Dass dem nicht so ist, habe ich durch meine Zwangsstörung gelernt. Gefühle, die du unterdrückst, verschwinden nicht einfach. Sie suchen sich nur einen anderen Kanal, durch den sie sich ausdrücken können. Doch es gibt eine erfreuliche Nachricht: Gefühle, die du früher blockiert und unterdrückt hast, lassen sich rückwirkend verarbeiten. Dazu musst du dir einfach die belastenden Gefühle erneut vergegenwärtigen und anders mit ihnen umgehen. Wie genau du das machen kannst, werde ich dir in Kapitel 3.3 zeigen. Doch vorher ist es wichtig, die „Funktionsweise" von Gefühlen zu verstehen. Wie funktionieren Gefühle? Wie sieht der normale Ablauf aus?

Jedes Gefühl hat einen natürlichen Ablauf von drei Schritten, die es jedes Mal durchläuft. Diese Schritte sind folgende:

- Das Gefühl entsteht. Es wird zugelassen und empfunden.
- Das Gefühl erzeugt eine körperliche Reaktion und einen Impuls zum Handeln.
- Das Gefühl wird entladen und durch ein anderes Gefühl ersetzt.

Auf jeden dieser Punkte möchte ich im Folgenden kurz eingehen:

Das Gefühl entsteht. Es wird zugelassen und empfunden.

Damit ein Gefühl entstehen kann, muss es immer zunächst einen Auslöser geben. Denn Gefühle sind Reaktionen. Reaktionen deines Körpers auf bestimmte Situationen, die du unterbewusst als gut oder schlecht für dich bewertest.

Ein Auslöser könnte beispielsweise sein, dass dich dein Chef in sein Büro bittet und bei der Bitte nicht gerade freundlich klingt. Das kann in dir Angst und Nervosität hervorrufen, da du unterbewusst urteilst, dass dies nichts Gutes für dich bedeutet.

Dahingegen kann ein Lob vom Chef der Auslöser für Freude in dir sein, da du das Lob wiederum als etwas Gutes für dich bewertest.

Doch welches Gefühl auch immer entstehen mag: Du hast keine Kontrolle darüber.

Zumindest keine direkte Kontrolle. Du kannst natürlich indirekt an deinen Gefühlen arbeiten, indem du deine Überzeugungen hinterfragst und ehemals blockierte Gefühle verarbeitest. Doch im Zeitpunkt der Entstehung liegt es nicht in deiner Macht zu bestimmen, welches Gefühl du empfinden willst.

Es kommt, wie es kommt und Gefühle sind ein Ausdruck von dir – ob du sie anerkennst oder nicht.

Nachdem das Gefühl – außerhalb deiner Kontrolle –

entstanden ist, lässt du es im Idealfall zu und empfindest es. Du erlaubst also dem Gefühl, da zu sein und sich zu entfalten. Seine Botschaft loszuwerden.

Das Gefühl erzeugt eine körperliche Reaktion und einen Impuls zum Handeln.

Wenn du dem Gefühl also erlaubt hast, da zu sein, dann kann es sich frei entfalten. Und das bedeutet in den meisten Fällen, dass das Gefühl eine körperliche Reaktion hervorruft. Bei Angst spürst du beispielsweise oft ein Pochen in der Brust. Wenn du dich bedrückt fühlst, kannst du meist einen Druck in der Bauchgegend feststellen.

Diese körperliche Reaktion enthält immer einen Impuls zum Handeln. Das Pochen in der Brust kann beispielsweise von dir fordern, von dem Ort zu fliehen und dich in Sicherheit zu bringen. Oder der Druck im Bauch kann von dir wollen, dass du den ganzen Tag nur im Bett liegst und nichts machst.

Ein wichtiger Punkt im richtigen Umgang mit Gefühlen ist die Erkenntnis, dass du nach diesen Impulsen gar nicht handeln musst. Du kannst dich auch jederzeit dazu entscheiden, einem Impuls nicht nachzugeben. Oft ist dies sogar wünschenswert! Wenn du beispielsweise Angst vor dem Gespräch mit deinem Chef hast, dann könntest du den Impuls verspüren, das Gespräch hinauszuzögern. Doch das ist meist kontraproduktiv, sodass du dem Impuls lieber nicht nachgeben solltest.

Das Gefühl wird entladen und durch ein anderes Gefühl ersetzt.

Nachdem das Gefühl die ersten zwei Schritte durchlaufen hat, wird es schließlich entladen und durch ein anderes

Gefühl ersetzt. Im ersten Schritt hat es von dir die Erlaubnis gekriegt, da zu sein. Im zweiten Schritt konnte es sich entfalten und dir seine Botschaft übermitteln. Indem es seine Botschaft losgeworden ist, hat es seinen „Job“ erledigt und kann sich folglich entladen und Platz für andere Gefühle machen. Wenn du beispielsweise Angst vor dem Gespräch mit deinem Chef gehabt hast, entlädt sich nach diesem Gespräch diese Angst und wird beispielsweise durch Erleichterung ersetzt.

Das ist also der natürliche Fluss der Gefühle. Jedes Gefühl durchläuft diese drei Schritte – zumindest *will* jedes Gefühl diese drei Schritte durchlaufen. Doch was passiert, wenn du ein Gefühl beispielsweise unterdrückst und somit den natürlichen Fluss unterbrichst? Was passiert, wenn sich das Gefühl nicht entladen kann?

3.2 Unterdrückung der Gefühle

Sicherlich würden einige behaupten, dass es gar nicht so schlimm sei, bestimmte Gefühle zu unterdrücken. Schließlich mache das ja jeder und demnach kann es so abträglich nicht sein.

Andere wiederum könnten behaupten, dass das Unterdrücken von Gefühlen gar notwendig sei, um überhaupt den Alltag durchstehen zu können.

Auch wenn ich beide Aussagen ein Stück weit nachvollziehen kann – sie sind ein Produkt von Fehlannahmen. Zum einen: Nur, weil jeder etwas tut, heißt das nicht, dass es etwas Gutes sein muss. Beispiel: Viele Menschen auf der Welt rauchen. Und nur, weil es viele Menschen tun, bedeutet das nicht, dass das Rauchen unschädlich wäre. Es hat schwerwiegende Konsequenzen für deine Gesundheit.

Zum anderen: Es ist keineswegs notwendig, manche Gefühle zu unterdrücken, um den Alltag durchzustehen. Eher das Gegenteil ist der Fall: Wenn ich mir meiner Gefühle bewusst bin, weiß ich ganz genau, wann ich erschöpft bin und beispielsweise eine Pause von der Arbeit brauche. Und genauso weiß ich auch, wann ich leistungsfähig bin und arbeiten könnte.

Ich kann also mein Leben und mein Handeln genau nach meinen Bedürfnissen ausrichten.

Doch was genau ist überhaupt mit Unterdrückung von Gefühlen gemeint? Du unterdrückst ein Gefühl, wenn du ihm nicht erlaubst, da zu sein. Du lässt nicht zu, dass du es empfindest, sodass es sich entfalten und seine Botschaft loswerden kann. Unterdrücken bedeutet in diesem Kontext also, gegen das Gefühl zu kämpfen. Es loswerden wollen. Du versuchst das Gefühl zu dämpfen, indem du beispielsweise deinen Körper verkrampfst.

Gefühle verbleiben im Körper und bleiben unverändert.

Der Grund, wieso das Unterdrücken von Gefühlen so schlimme Konsequenzen hat liegt darin, dass du dadurch den natürlichen Verlauf von Gefühlen unterbrichst. Ich habe im vorigen Kapitel geschrieben, dass jedes Gefühl einem natürlichen Verlauf folgt: Es entsteht zunächst einmal. Danach wird es zugelassen und empfunden. Das löst eine körperliche Reaktion mit dem Impuls für eine Handlung aus. Anschließend wird das Gefühl entladen und durch ein anderes Gefühl ersetzt.

Wenn du diesen natürlichen Prozess unterbrichst, kann sich das Gefühl nicht entladen und durch ein anderes ersetzt werden. Das Gefühl wird blockiert und der Prozess wird gestoppt.

Das Ergebnis ist, dass das Gefühl und die körperlichen Auswirkungen unverändert in deinem Körper bleiben und im Hintergrund „weiterleben“. Vielleicht hast du diese Gefühle und Erlebnisse aus deiner Vergangenheit längst aus deiner Erinnerung verbannt, doch tief in deinem Unterbewusstsein existieren sie weiterhin und beeinflussen dein Verhalten noch heute – wenn auch auf eine subtile Art und Weise.

Ich möchte diesen Punkt anhand eines Beispiels aus Nathaniel Brandens Buch „The Art of Living Consciously“ verdeutlichen:

In einer Vorlesung zum Thema „Kindheitserfahrungen" warf der Professor eine Aussage in den Raum, wonach viele „normale" Menschen sehr viele ungelösten Konflikte und Gefühle mit sich tragen, obwohl sie sich dessen nicht bewusst sind. Und dass diese Gefühle sie bis heute noch beeinflussen und behindern.

Daraufhin protestiere ein Student und behauptete, dass dies auf ihn nicht zutreffe. Er habe eine ungewöhnlich gute Kindheit erlebt und trage keinerlei ungelöste Konflikte oder Gefühle mit sich.

Also fragte ihn der Professor, ob er bereit wäre, an einem Experiment teilzunehmen. Der Student bejahte.

Der Professor sagte zu ihm: „Setz dich hin und schließe deine Augen. Stell dir folgende Situation vor: Du liegst im Krankenhaus und du wirst sterben. Du hast zwar keine körperlichen Schmerzen, aber du weißt, dass du in einigen Stunden sterben wirst.

Und jetzt stell dir vor, dass deine Mutter ins Zimmer kommt. Schau ihr ins Gesicht. Fühle die Präsenz des Unausgesprochenen. All die Dinge, die du immer sagen wolltest, aber nie gesagt hast. Rede mit deiner Mutter. Erzähle ihr, wie es damals war, als du noch ein Kind warst."

Der Student ballte seine Fäuste zusammen und brach in Tränen aus. Er sagte: „Als ich versucht habe mit dir zu reden, wieso hast du mir nie zugehört?"

An dieser Stelle brach der Professor das Experiment ab, um die Privatsphäre des Studenten zu schützen.

Ich denke, an diesem Beispiel ist deutlich geworden, dass deine Erfahrungen aus der Vergangenheit und die zugehörigen Gefühle heute noch alle Aspekte deiner Person beeinflussen. Angefangen bei deinen Gedanken und Gefühlen bis zu deinem Verhalten und das, was du für dich als „angemessen“ betrachtest.

Wenn du diesen natürlichen Prozess unterbrichst, dann bleibt das Gefühl ungelöst in deinem Unterbewusstsein und gerät in Vergessenheit – zumindest für dich.

Du denkst zwar über das Gefühl nicht mehr nach, aber das ungelöste Gefühl verursacht in deinem Körper Schwierigkeiten und Probleme.

Innere Leere

Wenn du dich innerlich leer fühlst, dann kann ich dir garantieren, dass auch du manche deiner Gefühle unterdrückst und leugnest. Die innere Leere ist nämlich die direkte Konsequenz einer Unterdrückung von Gefühlen. Doch was bedeutet innere Leere genau? Die Merkmale einer inneren Leere sind folgende:

- Du kannst weder positive noch negative Gefühle mehr empfinden.
- Sachen, die dir früher Spaß gemacht haben, tun das heute nicht mehr.
- Du hast kaum bis gar keine Lust mehr, etwas zu unternehmen.

- Du würdest am liebsten den ganzen Tag im Bett bleiben und nichts tun.
- Deinen täglichen Pflichten kommst du nur noch mit Widerwillen nach.
- Du kannst zwar auf Anweisung gewisse Sachen machen, doch du erfreust dich an diesen Sachen nicht.
- Du hast keinen Antrieb mehr, oder genau genommen: Du hast keinen Zugriff mehr auf deinen Antrieb.

Möglicherweise willst du sagen: „Wieso empfinde ich denn keine Freude mehr? Ich habe meine Freude noch nie unterdrückt. Ich habe lediglich die negativen Gefühle wie Angst oder Ärger unterdrückt, weil sie unangenehm waren und ich sie loswerden wollte. Was hat das denn mit meinen positiven Gefühlen zu tun?".

Und genau das ist der springende Punkt. Es ist nicht möglich, die negativen Gefühle „abzutöten" und nur noch positive Gefühle zu empfinden.

Der Körper unterscheidet nicht zwischen positiven und negativen Gefühlen. Genau genommen existiert diese Unterscheidung gar nicht. Gefühle sind Gefühle.

Wenn du also negative Gefühle leugnest und unterdrückst, verbaust du dir damit den Zugang zu all deinen Gefühlen.

Du zerstörst deine Fähigkeit, Gefühle zu empfinden – ganz egal, ob positiv oder negativ.

Falls du also das nächste Mal deine Angst unterdrücken möchtest, bedenke, dass du nicht nur diese Angst unterdrückst, sondern deine Fähigkeit, Gefühle zu empfinden und den Zugang zu all deinen Gefühlen. Nimm stattdessen die Botschaft deiner Angst wahr und lass ihre Empfindung zu. Danach wird sich das Gefühl entladen und durch ein anderes Gefühl ersetzt werden.

3.3 Gefühle aufarbeiten

In den letzten 2 Kapiteln haben wir darüber gesprochen, wie der natürliche Verlauf eines Gefühls aussieht und was die Konsequenzen des Unterdrückens von Gefühlen sind. In diesem Kapitel geht es nun ans Eingemachte. Was kannst du also tun, um ehemals blockierte und unterdrückte Gefühle rückwirkend zu verarbeiten? Wie kriegst du es hin, Gefühle, die in deinen Körper „eingefroren“ sind, wieder in Bewegung zu setzen, sodass sie sich rückwirkend entladen und dich somit endlich loslassen können?

Dazu werde ich dir im Laufe des Kapitels die Focusing-Methode von Eugene T. Gendlin vorstellen. Natürlich wird es mir in diesem Kapitel nicht möglich sein, die komplette Methode und die zugehörige Philosophie dahinter ausführlich zu beschreiben und zu erklären. Daher dient dieses Kapitel lediglich zur Einführung und kurzen Beschreibung der Technik. Wenn du dich nach diesem Kapitel für diese Technik interessierst, will ich dich dazu ermuntern, im Internet nach der Methode zu suchen. Es gibt ausreichend Lesematerial sowie Videos auf YouTube, die dir die ausführliche Funktionsweise erklären können.

Zukünftige Gefühle

Doch bevor ich erkläre, wie die Focusing-Methode funktioniert, möchte ich noch einmal zusammenfassen, wie du in Zukunft mit deinen Gefühlen umgehen solltest. Nicht jene, die du bereits blockiert und unterdrückt hast, sondern jene die neu entstehen werden. Das finde ich wichtig, um der Gefahr vorzubeugen, dass du dich erneut in einen solchen Teufelskreis begibst, in dem sich Gefühle unverarbeitet in deinem Körper ansammeln und ernsthafte psychische Probleme verursachen.

Das Wichtigste ist natürlich, dass du aufhören musst, deine Gefühle als Feinde zu betrachten.

Jedes Gefühl ist ein Ausdruck deiner Person und hat somit eine Daseinsberechtigung.

Gefühle sind keine unwillkommenen und lästigen Gäste, die man aussortieren kann, nach dem Motto: „Dieses Gefühl mag ich, das darf hier sein. Dieses Gefühl ist mir unangenehm, das möchte ich loswerden." Du hast im letzten Kapitel gesehen, dass das nach hinten losgeht und du dir damit den Zugang zu all deinen Gefühlen verbaust.

All deine Gefühle beinhalten eine Botschaft für dich. Eine Botschaft, die dich vor etwas warnen möchte. Deine Gefühle wollen dich also nicht nerven, sondern meinen es gut mit dir. Sie versuchen nicht, dir das Leben schwer zu machen.

Sie verdeutlichen stattdessen, welche Bedeutung die Dinge für dich haben. Was gut und was schlecht für dich ist.

Aber versteh mich in diesem Punkt nicht falsch: Nur weil du deine Gefühle akzeptierst und ihnen erlaubst, da zu sein, musst du nicht nach ihnen handeln. Wie du weißt, trägt jedes Gefühl einen Impuls zum Handeln in sich. Doch ob du diesem Impuls folgst, ist einzig und allein deine Entscheidung. Und es gibt sehr viele Situationen, in denen es ratsam ist, diesem Impuls nicht zu folgen. Wenn du beispielsweise verärgert über jemanden bist und dein Ärger den Impuls beinhaltet, diese Person körperlich anzugreifen, dann ist es eine gute Idee, diesem Impuls nicht zu folgen.

Was du dennoch in Zukunft tun musst, ist, es deinen Gefühlen zu erlauben, ihren natürlichen Prozess zu durchlaufen. Das heißt konkret, das Gefühl zunächst einmal zu registrieren und anzuerkennen. Danach musst du dem Gefühl erlauben, da zu sein. Und dieser Punkt ist ebenfalls sehr wichtig. Es bringt dir nichts, wenn du beispielsweise deine Angst registrierst, aber dennoch deinen Körper verkrampfst, um die Angst nicht zu spüren. Du musst dem Gefühl explizit erlauben, da zu sein – und es spüren. Nachdem das Gefühl seine körperliche Reaktion hervorgerufen hat, kannst du dich entscheiden, ob du seinem Impuls zum Handeln folgen möchtest oder nicht.

Nach einer bestimmten Zeit, während der du dem Gefühl erlaubt hast, sich zu entfalten, wird sich das Gefühl typischerweise entladen und durch ein anderes Gefühl ersetzt werden.

Wenn du so mit deinen Gefühlen umgehst, beugst du der Gefahr vor, dass sich Gefühle in deinen Körper festsetzen und in Zukunft Probleme verursachen. Hinzu kommt, dass deine Selbstliebe durch diesen Umgang extrem in die Höhe schießen wird, da du ab sofort die Realität deiner Gefühle akzeptierst. Du wirst dir viel besser gefallen und dir wünschen, dass du schon immer auf diese Art und Weise mit Gefühlen umgegangen wärst.

Doch diesen Umgang wendest du auf zukünftige Gefühle an. Was ist mit den Gefühlen, die du bereits in der Vergangenheit unterdrückt hast und die sich somit in deinen Körper festgesetzt haben? Gibt es einen Weg, diese Gefühle freizusetzen?

Eugene T. Gendlin

Ich beschäftige mich nun seit acht Jahren mit dem Thema Selbstliebe. Vor allem deswegen, um mich persönlich weiterzuentwickeln und mit meiner Zwangsstörung klar zu kommen. Hierzu habe ich etliche Bücher gelesen und viele Methoden ausprobiert. Doch wenn es darum geht, unterdrückte Gefühle zu verarbeiten, habe ich keine bessere Methode gefunden als die Focusing-Methode von Eugene T. Gendlin. Doch wer war Gendlin überhaupt?

Eugene T. Gendlin war ein amerikanischer Philosoph und Psychologe, der in Wien geboren wurde. Mit 11 Jahren – kurz vor dem Anschluss Österreichs an das Deutsche Reich – mussten er und seine Familie nach Amerika fliehen. Dort hat er mit namhaften Psychologen zusammengearbeitet wie beispielsweise Carl Rogers, dem Begründer der klientenzentrierten Psychotherapie. In dieser Zeit entwickelte er die Focusing-Methode.

Was ist Focusing und wie ist es entstanden?

Focusing ist eine Selbsthilfemethode, die von der Annahme ausgeht, dass der Körper die Antworten auf viele Probleme selbst kennt und selbst lösen kann. Dazu muss man mit dem sogenannten *Felt Sense* – also der körperlich spürbaren Bedeutung eines Problems – in Kontakt treten. Wenn man auf die richtige Art und Weise mit dem Felt Sense in Kontakt tritt, kann sich dieser verändern.

Wenn sich der Felt Sense ändert,
ändert sich die Focusing betreibende
Person ebenfalls.

Die Entstehungsgeschichte der Methode ist folgende: Als Gendlin an der Universität von Chicago arbeitete, stellte er sich die Frage, wieso so viele Therapien erfolglos blieben und keine spürbare Veränderung bewirkten. Wieso war es so, dass manche Therapien erfolgreich waren und manche nicht? Was machten Patienten und Therapeuten anders, wenn die Therapie erfolgreich war? Mit einer erfolgreichen Therapie ist hierbei eine Therapie gemeint, die eine spürbare positive Veränderung im Leben des Patienten bewirkt.

Um diese Fragen zu beantworten, haben Gendlin und seine Kollegen im Laufe der Jahre tausende von Therapiesitzungen auf Band aufgenommen, um sie anschließend zu analysieren. Die überraschende Erkenntnis dabei war, dass der Therapieerfolg nicht vom Therapeuten abhing, sondern nur vom Patienten. Es war nicht von großer Bedeutung, wie sich der Therapeut in den Sitzungen verhielt. Viel wichtiger war das Verhalten des Patienten. Und dabei vor allen Dingen die Art und Weise, wie der Patient über seine Probleme sprach.

Die erfolgreichen Patienten sprachen aus ihrem Körper heraus. Sie versuchten, etwas im Körper zu identifizieren und es zu beschreiben. Daher sprachen sie eher langsam und weniger abgeklärt. Sie versuchten, etwas herauszufinden.

Die erfolglosen Patienten sprachen hingegen sehr klar und explizit. Sie blieben in ihrem Kopf und versuchten, ihr Problem intellektuell zu analysieren. Diese Patienten versuchten auf eine logische Schlussfolgerung zu kommen und ihre emotionalen Probleme durch Logik zu lösen.

Auf der Grundlage dieser Erkenntnis versuchte Gendlin anschließend, diese Verhaltensweisen, die erfolgreiche Patienten ausmachten, auf einige wenige Punkte herunterzubrechen, sodass sie jedermann verwenden kann – auch Menschen, die sich nicht in einer Therapie befinden, sondern lediglich ein persönliches Problem lösen wollen.

Daher eignet sich diese Methode perfekt, wenn du derzeit nicht in einer Therapie bist und ehemals blockierte Gefühle verarbeiten möchtest. Du kannst die Focusing-Methode natürlich auch mit deinem Therapeuten durchführen, wenn du dich in einer Therapie befindest.

Der Körper nimmt Probleme viel detaillierter wahr

Der Grundstein der Focusing-Methode ist der Fakt, dass dein Körper deine Probleme viel detaillierter und subtiler wahrnimmt als es dein Verstand tun könnte.

Um das zu verdeutlichen, nennt Gendlin folgendes Beispiel: Angenommen, du denkst an eine Person aus deinem Leben, beispielsweise einen Freund von dir. Nennen wir ihn Mike. Dann könntest du einige Sachen über Mike auflisten. Beispielsweise:

- Mike ist 1,80 Meter groß.
- Er hat lange blonde Haare.
- Er geht im Fitnessstudio trainieren.
- Seine Stimme ist tief.

Doch um all seine Eigenschaften aufzulisten, würde dich das mehrere Tage kosten – wenn es dir überhaupt gelänge. Der Körper ist hingegen viel schneller.

Er kann dir alle relevanten Informationen über Mike innerhalb von Sekunden als ein einziges Körpergefühl zeigen.

Eugene Gendlin nennt dieses Körpergefühl „Felt Sense". Diesen Felt Sense findest du meistens zwischen deiner Halsgegend und dem Bauchbereich.

Du kannst es ruhig ausprobieren. Denke an eine bestimmte Person aus deinem Leben und achte dabei, was sich in dieser Gegend tut. Möglicherweise ein dumpfes Drücken im Bauchbereich oder ein Pochen in der Brust?

Und genau dasselbe Prinzip gilt auch für unsere Probleme. Wenn du beispielsweise ein bestimmtes emotionales Problem hast, dann kannst du dich sicherlich hinsetzen und versuchen, alle Aspekte des Problems in deinem Kopf aufzulisten.

Doch du wirst mit deinem Verstand niemals alle Informationen sammeln können, weil das zu lange dauerte und du nicht auf alles Zugriff hast. Doch dein Körper hingegen hat alle Informationen, die nötig sind, um das Problem zu lösen. Er präsentiert dir all diese Information in einem einzigen Körpergefühl – dem Felt Sense.

Und wenn du mit diesem Felt Sense in Kontakt trittst, kannst du ehemals blockierte Gefühle ausfindig machen, um ihnen anschließend zu erlauben, ihren natürlichen Prozess zu durchlaufen. So können sie sich endlich entladen und dich loslassen.

Der Ablauf des Focusing-Prozesses

Der Focusing-Prozess läuft in sechs einfachen Schritten ab. Zugegeben: Er braucht anfangs etwas Zeit und Übung. Doch ich verspreche dir, dass der Prozess mit der Zeit immer flüssiger und angenehmer für dich sein wird.

Als Erstes musst du dich natürlich für ein Problem entscheiden, auf das du fokussieren möchtest. Schließlich entstehen unterdrückte Gefühle nicht aus dem Nichts. Sie sind immer mit einem bestimmten Problem verbunden, wie beispielsweise einer schmerzhaften Trennung.

Dazu finde ich es hilfreich, wenn du dir eine Liste anfertigst mit fünf Problemen aus deiner Vergangenheit, fünf Situationen, die dich in deiner Vergangenheit bedrückt haben oder es heute noch immer tun. Das können Situationen sein, in denen du von bestimmten Menschen abgelehnt oder lächerlich gemacht wurdest, oder, wie bereits erwähnt, eine schmerzhafte Trennung von einer Person. Halte vor allem Ausschau nach Situationen, die dich emotional belastet haben.

Nachdem du deine Liste angefertigt hast, bewerte die Situationen nach dem Belastungsgrad auf einer Skala von 1 bis 10, wobei 1 „gar nicht belastend" bedeutet und 10 „extrem belastend". Suche dir ein Problem mit einem mittelmäßigen Belastungsgrad aus, beispielsweise 5. Denn wenn du gleich mit dem schwierigsten Problem anfängst, ist die Gefahr groß, dass du dich von vornherein überforderst. Schließlich beherrschst du die Technik anfangs noch nicht so gut.

Der erste Schritt: Freiraum schaffen

Bevor du auf dein ausgewähltes Problem fokussieren kannst, musst du etwas Freiraum für dich schaffen. Denn sicherlich hast du täglich mit bestimmten Alltagsproblemen zu kämpfen, die du lösen musst. Doch in diesem Augenblick versuchst du, alles zur Seite zu schieben, um dir etwas „Platz zum Atmen" zu schaffen.

Eugene Gendlin verbildlicht diesen Schritt folgendermaßen: Stell dir vor, dass du gerade mitten in einem Umzug bist und dein Zimmer vollgestopft mit Umzugskartons. In diesem Schritt schiebst du alle Umzugskartons etwas zur Seite, damit du wieder Platz hast zum Laufen. Die Umzugskartons sind hierbei eine Metapher für deine anderen Probleme. Die Umzugskartons zur Seite zu schieben bedeutet sicherlich nicht, dass sie bereits ausgepackt sind. Aber dennoch hast du jetzt etwas Platz für dich selbst und kannst dich frei bewegen.

2. Einen Felt Sense kommen lassen

Im zweiten Schritt lässt du dir einen Felt Sense kommen, mit anderen Worten die gebündelte Information eines Problems, ausgedrückt in einem Körpergefühl. Das kriegst du hin, indem du dir das Problem als Ganzes in Erinnerung rufst. Stell dir das Problem und die zugehörigen Situationen in Gedanken richtig vor. Achte währenddessen darauf, was sich in deinem Körper für ein Gefühl bildet, vor allem zwischen deinem Halsbereich und deiner Bauchgegend. Was bildet sich da, wenn du dir das Problem als Ganzes in Erinnerung rufst? Vielleicht ein Drücken in der Bauchgegend? Oder ein Pochen in der Brust?

3. Den Felt Sense beschreiben

Wenn du einen Felt Sense gefunden hast, dann bleibe zunächst einmal bei ihm. Versuche ihn, ohne zu urteilen oder zu hinterfragen, einfach nur eine Zeit lang zu erspüren. Erlaube ihm da zu sein und sich zu entfalten. Nachdem du etwa 1 bis 2 Minuten den Felt Sense erspürt hast, ist es nun Zeit mit ihm zu kommunizieren. Versuche, den Felt Sense so gut es geht zu beschreiben. Drückt er oder ist er verspannt? Ist er warm oder eher kalt? Wie fühlt er sich an? Versuche, ein Eigenschaftswort zu finden, das zu dem Felt Sense passt. Vielleicht ängstlich? Nervös oder unsicher? Versuche nicht, dem Felt Sense Wörter aufzuzwingen. Wenn ein Wort nicht passt, suche einfach weiter, bis du ein Wort gefunden hast, das ihn besser beschreibt.

4. Felt Sense mit dem Eigenschaftswort vergleichen

Vergleiche im vierten Schritt das Wort, das du im vorigen Schritt gefunden hast, mit dem Felt Sense. Gehe zwischen Felt Sense und dem Wort hin und her und frage dich, ob das Wort passt. Wenn du ein passendes Eigenschaftswort gefunden hast, sollte sich der Felt Sense etwas entspannen, beziehungsweise verändern. Genieße diesen Moment eine Zeit lang, bevor du weitermachst.

5. Den Felt Sense fragen

Und nun kommen wir zum wichtigsten Schritt beim Focusing. Das ist der Schritt, bei dem du den Felt Sense fragst, was er ist. Hierzu verwendest du das Eigenschaftswort, das du im vorigen Schritt gefunden hast. Beispielsweise „nervös".

Frage den Felt Sense: Was ist an diesem ganzen Problem, das dich so nervös macht? Anstelle von „nervös" kannst du natürlich jedes andere Eigenschaftswort verwenden, das zu dem Felt Sense passt.

Alternative Fragen, die du stellen kannst, sind folgende:

- Was ist das Schlimmste an diesem Gefühl?
- Was ist so schlimm daran?
- Was braucht es, damit es besser wird?
- Was sollte geschehen?

Focusing ist ein Dialog zwischen deinem Verstand und deinem Körper. Wenn du die Fragen gestellt hast, so musst du die Antwort deines Körpers erspüren. Es bringt nichts, wenn du diese Fragen stellst und sie einfach selbst beantwortest, das wäre ein reiner Monolog. Wenn der Felt-Sense dir eine Antwort gegeben hat, beziehungsweise du die Antwort erspüren konntest, wird sich dein Felt Sense verändern. Eugene Gendlin beschreibt diese Veränderung als Felt Shift. Und sie geht immer mit einem tiefen Seufzer einher. Wenn du einen Felt Shift erlebst, dann bedeutet das, dass ehemals blockierte Gefühle wieder in Bewegung geraten sind und sich entladen haben.

6. Annehmen und schützen

Im letzten Schritt solltest du alles, was beim Prozess des Focusing aufgekommen ist, annehmen und schützen. Das heißt, du solltest die neuen Erkenntnisse und die Veränderungen in deinem Körper willkommen heißen und in dein Leben integrieren. Nach diesem Schritt kannst du dich entscheiden, eine weitere Focusing-Runde zu machen. Du kannst natürlich auch aufhören und zu einem anderen Zeitpunkt weitermachen. Die Entscheidung liegt bei dir.

Nur eine kleine Einführung

Wie ich bereits am Anfang geschrieben habe: Es ist enorm schwierig für mich, den kompletten Focusing-Prozess und die ihm zugrundeliegende Philosophie in einem Kapitel meines Ratgebers umfassend zu beschreiben. Vor allem in Anbetracht dessen, dass es mehrere Bücher auf dem Markt gibt, die sich ausschließlich mit dieser Technik beschäftigen. Wenn ich alles ausführlich beschreiben wollte, müsste ich wohl ein weiteres Buch zu diesem Thema verfassen. Daher sind bei dir möglicherweise noch einige Fragen zur Technik offengeblieben, die ich nicht beantworten konnte.

Doch meine Absicht war es auch nicht, das Thema umfassend zu bearbeiten. Vielmehr wollte ich dir nur eine kleine Einführung ins Focusing geben. Einfach aus dem Grund, weil sie die Technik ist, die mir in den letzten acht Jahren am meisten geholfen hat, meine unverarbeiteten und unterdrückten Gefühle zu verarbeiten. Daher lege ich es dir wärmstens ans Herz, dich mit Focusing weiter auseinanderzusetzen. Im Internet gibt es genug Lesestoff und Videos, die das Thema umfassend beschreiben und erklären.

4. SELBSTDISZIPLIN

4.1 Wissen hat keinen Wert, wenn man es nicht anwendet

„Es ist nicht genug, zu wissen, man muss auch anwenden; es ist nicht genug, zu wollen, man muss auch tun.“
– Johann Wolfgang von Goethe

Wir haben in diesem Buch bereits darüber gesprochen, was du im Einzelnen tun musst, um Selbstliebe zu entwickeln. Im ersten Teil haben wir geklärt, was Selbstliebe überhaupt ist. Im zweiten Teil ging es um die Verhaltensweisen, die du dir aneignen musst, um Respekt vor dir selbst zu entwickeln. Das beinhaltet beispielsweise das Wahrnehmen deiner inneren Signale und das authentische Leben. Im dritten Teil haben wir uns dem richtigen Umgang mit Gefühlen gewidmet, um nicht in alte Verhaltensmuster zurückzufallen und nicht von alten Gefühlen geleitet zu werden, die heute keine Relevanz mehr in deinem Leben haben. Doch eine extrem wichtige und entscheidende Zutat fehlt uns noch, um unsere Unternehmung von Erfolg krönen zu lassen: die Disziplin. Im vierten und letzten Teil dieses Buches werde ich also erläutern, wieso Disziplin (genauer genommen: Selbstdisziplin) so wichtig ist, um Selbstliebe zu entwickeln, und wieso unsere Unternehmung zum Scheitern verurteilt ist, wenn wir sie nicht anwenden. Dazu möchte ich dir als Einleitung eine persönliche Geschichte erzählen, um die Relevanz dieses Themas zu verdeutlichen.

Denn auch ich habe mehrere Jahre lang auf diese Zutat verzichtet, was leider dazu geführt hat, dass meine Bemühungen keine Früchte abwarfen.

Ich habe bereits erwähnt, dass ich mich nun seit acht Jahren mit dem Thema Selbstliebe beschäftige. Nicht aus dem Grund, weil ich mit meinem Wissen prahlen oder ein Buch über das Thema schreiben wollte, sondern weil ich extreme Schwierigkeiten mit meiner eigenen Selbstliebe hatte, die mir das Leben schwer machten.

Daher habe ich gar nichts für jene Menschen übrig, die das Thema als Modeerscheinung betrachten und mit oberflächlichen und unnützen Informationen schnell Geld verdienen wollen.

Ich schreibe dieses Buch, weil ich etwas zu sagen habe. Weil ich ganz genau weiß, was funktioniert und was nicht – aus eigener Erfahrung.

Ich hatte also enorme Probleme mit meinen Mitmenschen und Freunden, die von Tag zu Tag schlimmer wurden. Hinzu kam die neu entwickelte Zwangsstörung, die sozusagen das i-Tüpfelchen zu meinen Problemen darstellte. Doch das Allerschlimmste an meinen zwischenmenschlichen Problemen war, dass ich nicht wusste, woher sie kamen und was ihre Gründe waren. Ich wusste, dass etwas nicht stimmte und etwas falsch lief, doch ich wusste nicht was.

Wenn mir damals jemand gesagt hätte, dass es an meiner mangelnden Selbstliebe lag, hätte ich ihn möglicherweise ausgelacht und nicht ernst genommen. Vielleicht hätte ich es auch als Beleidigung aufgefasst und wäre wütend geworden. Denn meiner Meinung nach hatte ich eine gesunde Selbstliebe. Ich war „cool“ und andere waren beeindruckt von mir.

Erst als mich meine Therapeutin davon überzeugte, mich mit dem Thema zu beschäftigen, stellte ich fest, dass das alles nur Fassade war. Es war reine Schauspielerei, um andere Menschen zu beeindrucken und ein positives Feedback von ihnen zu kriegen. Ich habe also versucht, mit meiner „coolen“ Art meine Unsicherheit zu vertuschen. In Wahrheit hatte ich nicht einmal ansatzweise Selbstliebe. Ich hatte keine eigene Meinung über mich selbst. Alles was für mich gezählt hat, war, ob mich andere Menschen gut und liebenswert fanden.

> Wenn sie das taten, fühlte ich mich wie der König. Wenn sie das nicht taten, fühlte ich mich wie der wertloseste Mensch auf der Welt.

Ich hatte also endlich die Ursache für meine Probleme identifiziert und entschloss mich, das Thema ausgiebig zu studieren. Ich deckte mich mit genügend Literatur für Monate ein und fing an, alles aufzusaugen, was ich finden konnte, wie ein Schwamm. Leider musste ich auch feststellen, dass es in diesem Bereich sehr viel Unsinn gab, wie ich oben bereits erwähnt habe. Menschen, die keine Ahnung davon haben, wovon sie reden, und versuchen mit 08/15-Phrasen Geld zu verdienen. Diese Autoren habe ich letztlich aussortiert und mich auf zwei bis drei Autoren konzentriert, die wirklich wissen, wovon sie sprechen – und habe losgelegt.

Ich war fasziniert von dem, was ich gelesen habe, und konnte mich selbst an vielen Stellen der Bücher wiedererkennen. Ich habe jedes einzelne Buch mehrere Male durchgelesen und konnte nach einer gewissen Zeit viele Passagen auswendig. Während des Lesens machte ich mir viele Notizen und prägte mir die Information ein, als bereitete ich mich auf eine extrem wichtige Prüfung vor. In dieser Zeit merkte ich auch, dass ich anderen Menschen gute Ratschläge geben konnte. Wenn ein guter Freund zu mir kam und über ein bestimmtes Problem klagte, konnte ich ihm oft Ratschläge geben, die ein Aha-Erlebnis in ihm auslösten und eine Veränderung in seinem Leben anstießen. Das war natürlich alles schön und gut, doch was ich schon bald merkte war, dass ich selbst nicht beziehungsweise nicht mehr vorankam.

Ich hatte all dieses schöne und hilfreiche Wissen über meine Probleme. Ich konnte mir alles minutiös erklären und nachvollziehen. Doch all das half mir nicht, meine eigenen Probleme zu überwinden. Ich merkte, dass ich nach ein bis zwei Jahren Beschäftigung mit dem Thema zwar das Wissen darüber hatte, aber dass diese Probleme noch immer präsent und ungelöst in mir waren. Das frustrierte mich, da ich mir wie ein Lügner und Hochstapler vorkam. Ich erzählte zwar anderen über die Vorzüge gewisser Verhaltensweisen, doch ich selbst wandte diese Verhaltensweisen selbst kaum bis gar nicht an.

Ich wusste ganz genau, welche Vorteile ein authentisches

Leben mit sich bringt und lebte doch selbst wenig authentisch. Ich wusste ganz genau, wieso ich mich in Gegenwart anderer Menschen unsicher und überwand dennoch nicht die Ursachen dafür. Mir war bewusst, wieso ich Angst vor Ablehnung und Abweisung hatte, doch ich unternahm nichts dagegen.

Reden war immer leichter als handeln. Wissen war einfacher als etwas unternehmen.

Natürlich war es nicht so, dass ich diese Verhaltensweisen nicht anwenden wollte. Ich wollte es tun. Doch es war alles in allem Arbeit. Nichts anderes. Wenn es beispielsweise darum geht, die eigene Meinung auszudrücken, so habe ich das einmal getan, und dann erst ein bis zwei Wochen später wieder, wenn ich Lust darauf hatte. So konnte sich natürlich keine Selbstliebe entwickeln. Was mir also gefehlt hat, war nicht das Wissen oder das Wollen, sondern einzig und allein die Selbstdisziplin. Die Disziplin, die Verhaltensweisen in den Alltag zu integrieren – unabhängig von momentaner Lust oder Unlust. Wenn ich die Disziplin gehabt hätte, hätten sich diese Verhaltensweisen nach einer gewissen Zeit zu einer Gewohnheit entwickelt, was mir alles leichter gemacht hätte. Doch ich hatte sie einfach nicht. Ich scheute mich vor der Arbeit und gab meiner Bequemlichkeit nach. Und das führte schließlich dazu, dass mich jahrelang in Literatur vertieft hatte, ohne nennenswerten Erfolge über das angehäufte Wissen hinaus zu verzeichnen.

Erst als ich mir der Wichtigkeit der Disziplin bewusst war, stellten sich signifikante Erfolge und Veränderungen in meinem Leben ein. Erst als ich die Verhaltensweisen konsequent in mein Leben integrierte und sie auch dann anwandte, wenn ich keine Lust darauf hatte, entstanden Erfolge und Veränderungen. Alles in allem hatte ich ein bis zwei Jahre „verschwendet", aber dafür eine wichtige Lektion gelernt, nicht nur bezüglich dieses Themas, sondern in Bezug auf das komplette Leben: Kein Wissen ist etwas wert, wenn du es nicht konsequent und diszipliniert in dein Leben integrierst. Keiner dieser Ratschläge in diesem Buch kann funktionieren, wenn du ihn nicht diszipliniert anwendest. Du musst dir die Mühe machen, das Gelernte konsequent in die Praxis umzusetzen.

4.2 Was ist Disziplin?

Den meisten Menschen stehen die Haare zu Berge, wenn sie das Wort *Disziplin* hören. Möglicherweise gehörte ich früher auch mal zu diesen Leuten. Das Wort wird nämlich mit Zwang, Gehorsamkeit und Kreativitätslosigkeit assoziiert. Das klingt sicherlich alles nicht so sympathisch.

Doch es steckt so viel mehr hinter dem Begriff als nur die oben genannten Eigenschaften. Disziplin ist die Voraussetzung für Erfolg – ganz egal in welchem Bereich. Wenn du dir ein Ziel setzt – sei es, ein Unternehmen zu gründen, Selbstliebe zu entwickeln oder eine glückliche Beziehung zu führen –, dann kannst du das nicht ohne Disziplin erreichen. Doch wie lässt sich Disziplin überhaupt genau definieren? Was bedeutet, es Disziplin zu haben?

Definition Disziplin

Laut Duden ist Disziplin „das Beherrschen des eigenen Willens, der eigenen Gefühle und Neigungen, um etwas zu erreichen“. Das heißt, du verzichtest auf kurzfristige Belohnungen zugunsten eines Ziels, das noch in der Zukunft liegt.

Ein Beispiel: Du willst in Form kommen für den Sommer und hast dir das Ziel gesetzt, zehn Kilogramm abzunehmen. Du weißt ganz genau, was du dafür tun musst. Du musst auf zuckerhaltige Nahrung verzichten und viermal pro Woche ins Fitnessstudio gehen. Jetzt läufst du an einem Donut-Laden vorbei und dir läuft das Wasser im Mund zusammen. Am liebsten würdest du da hineingehen und dir einen kaufen. Doch in diesem Moment fällt dir dein „größeres“ Ziel ein, nämlich, dass du für den Sommer abnehmen willst, und du verzichtest auf den Donut. Der Donut ist also eine kurzfristige

Belohnung, auf die du verzichtest, um dein langfristiges Ziel (das Abnehmen) zu erreichen. Das ist die Definition von Disziplin.

Unterschied Fremddisziplin und Selbstdisziplin

An dieser Stelle ist es sehr wichtig zu verstehen, dass es mehrere Arten von Disziplin gibt, nämlich die Fremddisziplin und die Selbstdisziplin. Den Unterschied möchte ich dir anhand eines Beispiels verdeutlichen.

Fremddisziplin ist beispielsweise, wenn dich dein Arbeitgeber dazu auffordert, innerhalb gewisser Uhrzeiten bei der Arbeit zu sein. Für den Fall, dass du seiner Aufforderung nicht nachkommst, droht er dir mit Konsequenzen, möglicherweise einer Kündigung oder einer Gehaltskürzung. Das heißt, die treibenden Kräfte hinter der Fremddisziplin sind oft Angst und Unsicherheit.

Selbstdisziplin ist dahingegen meiner Meinung nach um ein Vielfaches schwieriger zu kultivieren als Fremddisziplin. Die Gründe liegen auf der Hand: Hier hast du niemanden, der dich kontrolliert oder möglicherweise mit negativen Konsequenzen droht.

Bei der Selbstdisziplin geht es nur selten um Angst oder Unsicherheit, sondern vielmehr um das Erreichen von selbst gesetzten Zielen.

Als Beispiel dafür kann meine eigene Situation dienen: Ich habe mir das Ziel gesetzt, dieses Buch fertig zu schreiben, und das erfordert einiges an Selbstdisziplin. Schließlich schreibt man ein Buch nicht von heute auf morgen, sondern es erfordert eine gewisse Zeit. Ich habe niemanden, der mich kontrolliert und zum Schreiben auffordert. Außerdem habe ich keine schwerwiegenden negativen Konsequenzen zu befürchten, wenn ich das Buch nicht schreibe. Es war einzig und allein meine Entscheidung und somit bin auch nur ich für das Erreichen des Ziels verantwortlich.

Viele Menschen kommen mit dieser Art von Disziplin nicht klar. Daher versuchen sie, die Umstände einer Fremddisziplin künstlich zu erzeugen. Das beste Beispiel hierzu ist der Personal Trainer, den man engagiert. Im Grunde genommen weiß jeder, was er tun muss, um beispielsweise abzunehmen. Man bräuchte also nicht unbedingt einen Personal Trainer dazu. Dennoch wird oft auf ihn zurückgegriffen, damit er dich beim Erreichen deines Ziels kontrolliert und immer wieder (fremd-)motiviert und dir möglicherweise auch mit negativen Konsequenzen droht.

Obwohl solche Sachen einem kurzfristig helfen können, kann eine Unfähigkeit, Selbstdisziplin zu entwickeln, verheerenden Folgen haben. Du kannst dich nicht jedes Mal darauf verlassen, dass dir jemand anderes mit Konsequenzen droht. Es kann nicht immer jemanden geben, der deinen Erfolg kontrolliert.

Du musst selbständig werden. Das heißt auch, Selbstdisziplin zu entwickeln.

Keine Selbstliebe ohne Selbstdisziplin

Und genau so, wie ich es anfangs anhand meiner

persönlichen Geschichte illustriert habe, ist es keineswegs möglich, Selbstliebe ohne Selbstdisziplin zu erreichen. Das liegt im Endeffekt in der Natur der Sache.

Damit meine ich, dass Selbstliebe nicht etwas ist, das du einmal in deinem Leben erreichst und dann für immer und ewig besitzt. Es ist vielmehr ein Zustand, den du durch stetige Arbeit aufrechterhalten musst.
Du kannst es dir wie in einem Fitnessstudio vorstellen: Nachdem du nach monatelangem Training eine gute körperliche Fitness erreicht hast, kannst du nicht einfach aufhören, weil dein Ziel erreicht ist. Das Erreichen des Zustandes ist das eine, das Aufrechterhalten etwas anderes.

Weil du die Selbstliebe dein ganzes Leben lang aufrechterhalten musst, kannst du dich folglich nicht auf Fremddisziplin verlassen. Du kannst nicht dein ganzes Leben lang jemanden haben (beispielsweise einen Therapeuten), der dich „motiviert“, kontrolliert und dir negative Konsequenzen vor Augen hält. Du musst irgendwann das Ruder selbst in die Hand nehmen, Selbstdisziplin entwickeln und dich selbst um deinen Fortschritt kümmern.

Du musst dich selbst kontrollieren und darauf achten, dass du auf dem richtigen Pfad bleibst.

Therapie kann helfen

Natürlich soll das alles nicht bedeuten, dass eine Therapie nicht hilfreich sein kann. Wenn du aus privaten Problemen eine Therapie beginnst, so kann der Therapeut dir auf die Sprünge helfen und dir mit Fremddisziplin etwas nachhelfen – bis du gelernt hast, auf eigenen Beinen zu stehen.

Schließlich kann eine Therapie nicht ein ganzes Leben lang dauern und wenn sie zu lange geht, besteht die große Gefahr einer Abhängigkeit vom Therapeuten. Es gibt viele Menschen, die schon so lange in Behandlung sind, dass sie das Gefühl haben, ohne die Therapie im Leben gar nicht mehr klarzukommen. Sie brauchen den Therapeuten als eine Art Sicherheit und als Boden unter den Füßen. Wenn der Therapeut mal in den Urlaub fährt, fühlen sich diese Leute verunsichert und planlos. Das ist der Zustand, der um jeden Preis vermieden werden muss. Du musst es lernen, auf eigenen Beinen zu stehen.

Selbstliebe verlangt von dir, dass du selbständig bist

Der letzte und ausschlaggebende Grund dafür, wieso du ohne Selbstdisziplin keine Selbstliebe entwickeln kannst, ist folgender:

Die Selbstliebe verlangt von dir, dass du selbständig bist.

Denn schließlich ist es ja genau das, worum es in der Selbstliebe geht. Es geht bei der Selbstliebe darum, dir deine Autonomie zurückzuholen.

- Dass du anfängst, deine Handlungen selbst zu bewerten.
- Dass du anfängst, selbständig zu denken und eigene Entscheidungen zu treffen.

- Dass du deine Gefühle, Bedürfnisse und Wünsche selbständig wahrnimmst und die Verantwortung dafür übernimmst, sie zu erfüllen und zu befriedigen.

Das ist die natürliche Entwicklung der Selbstliebe. Weniger Fremdbestimmung, mehr Selbstbestimmung.

Dementsprechend gehört es natürlich auch dazu, dass du dein Verhalten selbst koordinieren kannst. Dass du selbst entscheiden kannst, wann du diszipliniert sein musst und wann du dir Freizeit gönnen kannst. Dass du dir selbst Ziele setzt und die notwendigen Schritte dafür selbständig tust, ohne dass dich jemand kontrollieren, „motivieren", oder mit negativen Konsequenzen drohen muss. Wenn du jeden Tag etwas mehr Selbständigkeit entwickeln kannst, so kannst du auch jeden Tag etwas mehr Selbstliebe entwickeln.

4.3 Selbstdisziplin entwickeln

Ich denke, dass die Bedeutung der Selbstdisziplin für dich und dein Leben in den vorangegangenen Kapiteln deutlich zum Ausdruck gekommen ist. Dennoch stellen sich nun die Fragen: Was kannst du tun, um sie zu entwickeln? Wie kriegst du es hin, deinen inneren Schweinehund zu überwinden und das zu tun, was getan werden muss? Ist Selbstdisziplin angeboren oder ist sie eine Fähigkeit, die man erlernen muss? Kann sie überhaupt jeder erlernen?

Die gute Nachricht vorweg: In der Tat ist Selbstdisziplin eine Fähigkeit, die jeder erlernen kann. Sie ist nicht etwas, das angeboren ist und vererbt wird. Jeder kann sie erlernen, wenn er nur möchte.

Doch neben der guten Nachricht habe ich auch noch eine schlechte. Vor allem wenn du erwartet hast, dass ich dir in diesem Kapitel eine Zauberformel präsentiere, die dir die Selbstdisziplin einfach macht: Diese Zauberformel gibt es nicht.

Selbstdisziplin ist schwer, war schwer und wird immer schwer bleiben – und wer was anderes behauptet, der lügt.

Obwohl Selbstdisziplin zweifellos schwer ist, gibt es doch einige Tipps, die dir den Einstieg in die Selbstdisziplin erleichtern und dir etwas unter die Arme greifen können. Diese möchte ich dir im Folgenden vorstellen.

Ziele setzen

Grundlage und Voraussetzung für Selbstdisziplin ist natürlich zunächst einmal das Ziel. Wenn du kein Ziel vor Augen hast, kannst du auch nicht an dessen Erfüllung arbeiten. Doch wichtig dabei ist, dass du dir deine Ziele richtig formulierst. Viele Menschen begehen nämlich den Fehler, ihre Ziele falsch zu formulieren, sodass sie von vornherein unerreichbar und zum Scheitern verurteilt sind. Nicht weil die Ziele zu hochgesteckt waren, sondern weil man das Ziel nicht messen kann.

Ein Beispiel: „Ich möchte reich werden." Wenn jemand sich dieses Ziel setzt, dann ist sein Scheitern schon vorprogrammiert. Warum? Weil das Ziel zu vage und überhaupt nicht messbar ist. Was bedeutet reich? Ab wann bist du reich? Sind es 100.000 € oder 1.000.000 €?

Ein anderes Beispiel ist, wenn sich Leute folgendes Ziel setzen: „Ich möchte abnehmen." Genau dasselbe Spiel. Das Ziel ist zu vage und überhaupt nicht messbar? Wie viel möchtest du abnehmen? 5 Kilogramm oder 10 Kilogramm? Was ist dein Zielgewicht?

Das Ergebnis solcher „Zielsetzungen" ist, dass diese Menschen völlig unmotiviert und undiszipliniert werden, weil sie insgeheim kein Ziel und somit keine Richtung haben.

Ein Ziel, das nicht messbar ist, ist kein Ziel.

Ein messbares Ziel wäre beispielsweise in meinem Fall, dieses Buch hier zu schreiben. Ich weiß, was dafür getan werden muss und ich weiß, wann ich das Ziel erreicht haben werde. Dementsprechend kann ich mein Verhalten und meine Anstrengungen anpassen und diszipliniert daran arbeiten. Wenn du dir also ein Ziel setzt, achte immer darauf, dass du das Ziel messen kannst.

Deadline setzen

Was ebenfalls unentbehrlich für Ziele ist und außerdem deine Selbstdisziplin in die Höhe katapultiert, ist das Setzen von Deadlines bzw. Fristen für deine Ziele. Du möchtest also ein bestimmtes Ziel bis zu einem bestimmten Datum erreichen. Dadurch hast du eine bessere Struktur und kannst besser einplanen, wie viel Zeit du investieren musst, um dein Ziel zu erreichen.

Sehr bekannt in diesem Zusammenhang ist das sogenannte *Parkinson'sche Gesetz*. Es besagt Folgendes: „Arbeit dehnt sich in genau dem Maß aus, wie Zeit für ihre Erledigung zur Verfügung steht." Das heißt, wenn du dir für eine gewisse Aufgabe drei Stunden gibst, dann wirst du höchstwahrscheinlich diese drei Stunden auch brauchen, um die Aufgabe zu erledigen. Wenn du dir allerdings für dieselbe Aufgabe nur eine Stunde gibst, ist die Wahrscheinlichkeit hoch, dass du sie auch in einer Stunde erledigen kannst. Und das ist der Grund, wieso du dir Fristen setzen solltest. Wenn du dir keine Frist oder eine zu lange Frist setzt, wirst du wahrscheinlich täglich nur herumlungern und nicht wirklich produktiv sein. Nach dem Motto: „Ich habe ja noch Zeit."

Motivation und Visualisieren

Motivation allein wird dir nicht reichen, um deine Ziele zu erreichen. Das habe ich selbst gemerkt, als ich angefangen habe, meine Website aufzubauen. Wenn ich einen Motivationsschub hatte, habe ich zehn Stunden am Stück

an meiner Website gearbeitet und bin vorangekommen. Doch am nächsten Tag konnte diese Motivation schon wieder verschwunden gewesen sein, sodass ich die nächsten drei Tage untätig blieb. Im Ergebnis hat mich die Fertigstellung meiner Website deutlich mehr Zeit gekostet als eigentlich nötig.
Das Problem mit der Motivation ist, dass sie nicht beständig ist. Man kann sie nur schlecht kontrollieren und muss sie jeden Tags aufs Neue entfachen.

Daher ist es ein fataler Fehler, sich bei der Erreichung seiner Ziele nur auf die Motivation zu verlassen.

Das habe ich am eigenen Leibe gespürt. Dennoch ist Motivation die Basis für Selbstdisziplin. Sie stellt mehr oder weniger den Startschuss für die Selbstdisziplin dar und ist daher ebenfalls sehr wichtig. Außerdem greift sie der Selbstdisziplin unter die Arme an Tagen, an denen du dich schwach fühlst.

Was ich tue, wenn ich mich für ein bestimmtes Ziel motivieren will, ist Folgendes: Ich nehme mir ein Blatt Papier und schreibe als Überschrift: „Gründe, wieso ich das Ziel X erreichen möchte." Dann schreibe ich mir 30 bis 40 Gründe auf und hänge den Zettel über mein Bett. Jeden Abend, bevor ich ins Bett gehe, lese ich mir diesen Zettel routinemäßig durch und gehe erst danach schlafen. Das hat den Vorteil, dass ich mit positiven Gedanken ins Bett gehe und außerdem morgens motivierter aufstehe.

Visualisieren

Eine weitere Sache, die mir hilft, meine Selbstdisziplin aufrechtzuerhalten, ist das Visualisieren. Stell dir vor, wie es sich anfühlt, wenn du dein Ziel erreicht hast. Stell es dir bildlich vor mit allem, was dazugehört. Das wird dich motivieren und deiner Selbstdisziplin unter die Arme greifen.

Wenn du an einem bestimmten Tag keine Lust auf die Arbeit hast, die bevorsteht, kannst du ebenfalls visualisieren. Und zwar kannst du dir vorstellen, wie es sich anfühlen würde, wenn du die Arbeit fertig hättest. Wenn du die Arbeit erledigt hättest, obwohl du keine Lust hast. Stell dir vor, was für ein Glücksgefühl das wäre. Außerdem kannst du dir vorstellen, was es für ein Gefühl wäre, wenn du heute faulenzen würdest.

Wie würdest du dich am Ende des Tages fühlen, wenn du die anstehende Arbeit vernachlässigt hättest?

Folgetag planen

Nachdem du jetzt ein messbares Ziel hast und motiviert bist, wird es dir und deiner Selbstdisziplin enorm helfen, wenn du dir jeden Abend deinen Folgetag planst. Das heißt, dass du dich am Ende jedes Tages hinsetzt und dir Notizen darüber machst, was morgen getan werden muss. Welche Aufgaben musst du morgen erledigen? Welche Aufgabe hat Priorität? Was solltest du zuerst angehen? Das sind die Fragen, die du klären musst, bevor du überhaupt einen Tag startest.

Denn wenn du einen bereits geplanten Tag hast, ist die Wahrscheinlichkeit viel geringer, dass du dich von situativen Sachen ablenken lässt und somit deine Selbstdisziplin vernachlässigst. Ein weiterer Vorteil davon ist, dass du viel besser einschlafen kannst, da du nicht mehr über anstehende Aufgaben grübeln musst. Jeder Mensch kennt die Grübeleien nachts im Bett nach dem Motto: „Ich muss noch das erledigen, dann muss ich noch dahin usw." Aber wenn du stattdessen alles schön aufgeschrieben und geplant hast, kannst du mit einem freien Gewissen ins Bett gehen, einen erholsamen Schlaf genießen und morgens motiviert aufwachen, da du den Tagesablauf bereits kennst.

Morgenroutine

Wenn es darum geht, morgens aus dem Bett zu kommen, so hat mir eine gewisse Sache extrem geholfen: eine Morgenroutine zu etablieren. Mit einer Morgenroutine hast du eine feste Struktur, mit der du immer in den Tag einsteigen kannst. Etwas, das dir jeden Morgen Sicherheit gibt. Schließlich sind wir Menschen Gewohnheitstiere.
Mir ist meine Morgenroutine mittlerweile so sehr in Fleisch und Blut übergegangen, dass ich mich schlecht fühle, wenn ich sie einmal nicht mache. Ich brauche sie, um gut in den Tag zu starten und das Gefühl zu haben, dass es jetzt losgehen kann.

Meine Morgenroutine sieht folgendermaßen aus: Nach dem Duschen und Zähneputzen nehme ich jeden Morgen eine Zink- und eine Vitamin-D Tablette. Danach mache ich fünf Minuten lang eine Art Körperwahrnehmungsmeditation (Body Scan). Und als Abschluss mache ich noch 25 Klimmzüge (5 Sätze à 5 Wiederholungen), um meinen Körper zu mobilisieren. Wie du siehst, ist das nichts Weltbewegendes oder Zeitraubendes.

Dennoch gibt sie mir jeden Morgen
Kraft und Struktur und die Energie,
meine Selbstdisziplin
aufrechtzuerhalten.

Versuchungen aus dem Weg gehen

Der klassischste unter den Tipps für Selbstdisziplin ist natürlich, Versuchungen aus dem Weg zu gehen. Das heißt, dass du dir vorher schon Gedanken machst, welche Sachen dich ablenken könnten und diese Sachen entsprechend eliminierst. Je nach Ziel können es natürlich andere Ablenkungsquellen sein.

Wenn ich beispielsweise an meinem Buch schreibe, ist meine größte Ablenkungsquelle mein Handy. Immer, wenn ich gerade dabei bin etwas zu schreiben, kriege ich eine Nachricht – und das bringt mich aus dem Rhythmus. Ich nehme das Handy in die Hand, lese die Nachricht und schaue bei der Gelegenheit auch bei Facebook oder Instagram vorbei. Und das Ergebnis ist, dass ich gerade wegen einer Nachricht zehn Minuten lang am Handy gespielt habe, ohne etwas Produktives geleistet zu haben.

Daher habe ich mich entschlossen, diese Ablenkungsquelle zu eliminieren. Immer wenn ich anfange zu schreiben, schalte ich mein Handy in den Flugmodus oder lasse es ganz in einem anderen Zimmer. Das wirkt Wunder und lässt mich meine Selbstdisziplin aufrechterhalten.

Wenn du hingegen das Ziel hast, abzunehmen, hast du es natürlich mit ganz anderen Ablenkungsquellen zu tun. Dann musst du vielleicht darauf achten, erst gar keine zuckerhaltige Nahrung zu kaufen oder dir dein Essen für die Arbeit schon am Vortag zuzubereiten. Was immer auch die Ablenkungsquellen sind:

Wenn du sie nicht eliminierst, nagen sie an deiner Selbstdisziplin.

Gewohnheiten etablieren

Selbstdisziplin funktioniert immer dann am besten, wenn die Arbeit, die du verrichten musst, zur Gewohnheit wird. Meine Morgenroutine ist beispielsweise bereits eine Gewohnheit, sodass ich sie ganz automatisch durchführe und mich schlecht fühle, wenn ich sie mal nicht mache. Aber auch der Gang zum Fitnessstudio ist bei vielen Menschen eine feste Gewohnheit, sodass sie sich schlecht fühlen, wenn sie ihr nicht nachgehen.

Immer wenn du diesen Zustand erreicht hast, erleichtert das sehr viel in deinem Leben und deine Selbstdisziplin kann sich „ausruhen". Doch genau diese Selbstdisziplin brauchst du, um den Zustand der Gewohnheit zu erreichen. Etwa 21 Tage braucht es, bis du eine neue Gewohnheit installiert hast. In diesen 21 Tagen musst du auf deine Selbstdisziplin zurückgreifen.

Der Gewohnheitszustand ist auch das, was du bezüglich der Selbstliebe erreichen musst. Wenn du beispielsweise anfängst, deine inneren Signale wahrzunehmen, musst du das anfangs mit bewusster Anstrengung tun. Du musst diese Aktion bewusst initiieren, mit aktiver Bemühung. Denn nach einer gewissen Zeit (etwa 21 Tage), wird das zu einer Gewohnheit für dich und du nimmst deine inneren Signale mehr oder weniger automatisch wahr.
Und an diesem Punkt haben natürlich jene Kinder einen

großen Vorteil, die Eltern mit einer gesunden Selbstliebe hatten. Wieso? Diese Kinder haben bereits in ihrer Kindheit die richtigen Verhaltensweisen gelernt, die zur Selbstliebe führen (wie beispielsweise auf die inneren Signale achten) und bei ihnen ist es bereits in der Kindheit zur Gewohnheit geworden. Für sie ist das Wahrnehmen der inneren Signale fast schon so normal wie das Blinzeln.

Dennoch: lieber spät als nie. Es ist immer noch für jeden Menschen möglich, diese Verhaltensweisen mit Hilfe von Selbstdisziplin durchzuführen, bis sie zur Gewohnheit werden, und somit Selbstliebe zu entwickeln.

Vorbilder suchen

„Sage mir, mit wem du umgehst, so sage ich dir, wer du bist." Dieses Zitat stammt von Goethe und ist in Bezug auf die Selbstdisziplin sehr wichtig. Es ist Fakt, dass wir Menschen uns gegenseitig beeinflussen. Dir ist sicherlich schon mal aufgefallen, dass du sehr viele Verhaltensweisen und Eigenarten deiner Freunde oder deiner Umgebung übernommen hast. Und das ganz unbewusst.

Doch diesen Umstand kannst du dir zunutze machen. Und zwar, indem du dir entsprechende Vorbilder und Mentoren suchst, an denen du dich orientieren kannst. Im Zeitalter des Internets ist es einfacher denn je, den verschiedensten Persönlichkeiten auf der Welt zu folgen und mit ihnen in Kontakt zu treten. Und dabei musst du deine Vorbilder nicht einmal persönlich kennen. Es reicht, wenn du ihre YouTube-Videos ansiehst, ihre Bücher liest, oder einfach nur ihren Instagram-Seiten folgst. Allein das hat schon einen enormen Einfluss auf dich.

Was die Selbstdisziplin betrifft, so habe ich ein Vorbild bzw. Mentor, der mich in den letzten Wochen entscheidend beeinflusst hat. Sein Name ist Jocko Willink.

Er ist ein pensionierter Navy-Seal und für mich der Inbegriff von Selbstdisziplin. Ich schaue mir jeden Abend vor dem Schlafengehen ein Video von ihm an und das motiviert mich für den folgenden Tag enorm.

Selbstdisziplin in kleinen Schritten aufbauen

Angenommen, du meldest dich bei einem Fitnessstudio an, weil du in Form kommen willst. Du hast dir ein bestimmtes Ziel gesetzt, bist super motiviert und kannst es kaum abwarten, die ersten Ergebnisse zu sehen. Doch angekommen im Studio stellst du dich hin und versuchst, die schwersten Gewichte zu stemmen, die es dort gibt. Dass das nicht klappt, ist doch selbstverständlich, oder?
Doch genau diesen Fehler machen sehr viele Leute, wenn sie versuchen, ihre Selbstdisziplin aufzubauen. Sie sind begeistert von der Idee (zurecht) und möchten ihr Leben ändern, und das am liebsten von heute auf morgen. Und genau das ist das Problem:

Sie möchten zu viel auf einmal.

Am liebsten würden sie gleich am nächsten Tag um 4:30 Uhr aufstehen, eine halbe Stunde lang joggen gehen und ihren Plan für den Tag, der minutiös geplant ist, durchführen. Aber diese Vorgehensweise ist natürlich von vornherein zum Scheitern verurteilt. Weder ihr Körper noch ihr Geist ist auf eine solche Lebensweise vorbereitet oder daran gewöhnt, sodass sie so schnell wieder aufgeben, wie sie angefangen haben.

Klar ist, dass du Selbstdisziplin in kleinen Schritten aufbauen musst. Eins nach dem anderen. Du kannst sie dir vorstellen wie einen Muskel. Je mehr du ihn trainierst und beanspruchst, desto stärker, flexibler und widerstandsfähiger wird er. Genauso, wie du am ersten Tag im Fitnessstudio nicht die schwersten Gewichte stemmen kannst, so kannst du auch bei der Selbstdisziplin nicht ab Tag eins das volle Programm durchziehen.

Versuche also, deine Selbstdisziplin Schritt für Schritt aufzubauen. Nimm dir immer eine Verhaltensweise auf einmal vor. Wenn du beispielsweise anfangen willst, früh aufzustehen, dann nimm dir zunächst nur das vor. Versuche, 21 Tage lang früh aufzustehen, bis es zur Gewohnheit geworden ist. Wenn du das geschafft hast, kannst mit der Einführung weiterer Verhaltensweisen beginnen wie beispielsweise einer Morgenroutine.

Plane Pufferzeiten ein

Sicherlich kennst du Menschen, die jede Minute ihres Tages von vornherein planen. Alles, was sie von morgens bis abends tun werden, ist auf die Minute genau geplant. Und möglicherweise glaubst du, dass es das ist, was Selbstdisziplin von dir verlangen wird, und du keine Zeit mehr für kreative Dinge oder einfaches Nichtstun haben wirst. Doch in diesem Fall kann ich dich beruhigen: Selbstdisziplin sieht keineswegs so aus. Das ist nur eine falsche Vorstellung, die viele Menschen von ihr haben.

> Eine minutiöse Planung des Tages ist weder möglich noch empfehlenswert.

Einfach aus dem Grund, weil du nicht voraussehen kannst, was an diesem Tag alles schiefgehen wird. Und das ist das Einzige, mit dem du rechnen kannst: Irgendetwas wird immer schiefgehen. Möglicherweise wirst du durch einen Stau aufgehalten oder du hast eine Autopanne. Oder du bekommst einen wichtigen Anruf zu einem Thema, um das du dich heute noch kümmern solltest.

Daher funktioniert Selbstdisziplin nicht ohne Pufferzeiten. Du kannst nicht 16 Stunden am Tag durchplanen. Vielmehr solltest du dich auf eine gewisse Stundenanzahl konzentrieren wie etwa sechs Stunden. Die restliche Zeit ist für flexible und situative Aufgaben vorgesehen, die du nicht planen kannst, aber die entstehen werden.

Selbstdisziplin ist nicht einfach

Wie ich bereits am Anfang dieses Kapitels geschrieben habe: All diese Tipps sollen dir den Einstieg in die Selbstdisziplin erleichtern und dir dabei helfen, sie aufrechtzuerhalten. Dennoch ist und bleibt Fakt, dass Selbstdisziplin schwer ist. Es gibt keine Abkürzungen, keine Wunderformel oder Zauberdroge, die sie dir ohne Weiteres ermöglicht. So etwas kann es nicht geben. Diesen Punkt hat Jocko Willink einmal sehr schön in einem seiner Videos beschrieben. Er sagte:

> „Der Grund, wieso Selbstdisziplin schwer ist, ist, weil sie schwer ist."

Es gibt keine weitere Erklärung dafür.

Jedenfalls steht fest, dass jeder auf dieser Welt, der etwas erreicht hat, der sich selbst liebt, der finanzielle Freiheit genießt und der erfolgreich ist, diese Fähigkeit der Selbstdisziplin etabliert hat. Du kannst dein Leben nicht erfolgreich leben, wenn du auf deine Motivation wartest und nur aus Lust und Laune handelst. Du musst die Fähigkeit besitzen, deine Handlungen so zu koordinieren, dass sie zum gewünschten Effekt und Ziel führen.

SCHLUSSWORT

Die Welt ist ein ziemlich unsicherer Ort. Unsicher aus dem Grund, weil sie sich in einem schwindelerregenden Tempo verändert. Neuerungen und Innovationen aus der Wissenschaft und Geschäftswelt überschlagen sich und verändern unser Leben nachhaltig. Etwas, das vor einigen Monaten noch komplett normal und der Standard war, kann heute schon völlig nutzlos sein, weil es von einer Innovation überholt worden ist. Wer hätte beispielsweise vor 15 Jahren gedacht, dass es eine Erfindung namens Smartphone geben würde, die heute aus dem Alltag nicht mehr wegzudenken ist?

Die Veränderungen betreffen natürlich auch den Menschen selbst. Beispielsweise war es für den normalen Menschen noch nie so einfach und finanziell tragbar, andere Länder zu bereisen. Das heißt, dass die „Fluktuation der Freunde“, wenn man so will, größer ist denn je. Manche vertrauten Menschen ziehen weg und andere Menschen ziehen her.

Nichts scheint mehr Bestand zu haben. Nichts scheint

mehr als Garant für Sicherheit zu dienen. Weder Wissen, das du dir angeeignet hast, noch bestimmte Menschen, mit denen du befreundet bist.

Das Einzige, was dir in diesen Zeiten noch echte Sicherheit bieten kann, das bist nur du selbst.

Nur, wenn du eine enge Freundschaft mit dir selbst eingehen kannst und anfängst, dir selbst zu vertrauen, kannst du ein Gefühl der Sicherheit bekommen.

Sich selbst zu lieben ist daher nicht nur ein Bonus, sondern vielmehr eine Notwendigkeit, um mit den Herausforderungen der heutigen Welt zurechtzukommen. Denn wenn du dich sicher fühlen möchtest, musst du in der Lage sein, mit Veränderungen umzugehen. Du musst dazu in der Lage sein, dich neuen Situationen anzupassen und dich selbst zu behaupten. Statt auf dein bestehendes Wissen zu vertrauen, solltest du vielmehr auf deine Fähigkeit vertrauen, dir Wissen anzueignen.

Wieso ist das so wichtig? Ganz einfach: Wenn du dich liebenswert fühlst und deinen Fähigkeiten vertraust, dann machen dir Veränderungen im Leben plötzlich nicht mehr so viel Angst. Denn du weißt ganz genau, dass du mit den kommenden Veränderungen klarkommen wirst. Du weißt ganz genau, dass wenn ein Mensch aus deinem Leben scheidet, du neue Freunde finden wirst, da du ein liebenswerter Mensch bist. Du hast das Grundvertrauen, dass, ganz egal, was passieren wird, du damit umgehen kannst und wirst. Und das ist eine Folge der Selbstliebe.

Zum Abschluss möchte ich mich noch herzlichst bei dir für den Kauf meines Ratgebers bedanken. Ich hoffe, dass er dir dabei hilft, dich selbst endlich mit dem Respekt zu behandeln, den du eigentlich verdienst. Wenn du mehr von mir lesen möchtest, kannst du mich gerne auf meinem Blog www.selfmade-soul.de besuchen.

Alles Gute
Samet Eroglu

Printed in Poland
by Amazon Fulfillment
Poland Sp. z o.o., Wrocław

53764879R00066